U0018788

朵荻・葛蘭姆・麥凱 Dodie Graham McKay 著　非語 譯

# 各方推薦

「難得的好書，如同百科全書包羅萬象，方法啟發人心……涵蓋了礦石、植物、樹木等可觸知的魔法，以及神明、神話生物、聖域等喚起人心的魔法，《土系魔法》提供範圍廣泛的工具、技術、做法、構想，這些具有強大的潛力，可以轉化個人的修行。這是一場難以置信、動手實作、捲起袖子、搞得髒兮兮、滿是泥濘的『地球』慶祝活動，而朵荻的確沒放過任何蛛絲馬跡……手握這本書，你不得不深化、擴展，使個人的異教修行更有生氣。」

——蒂凡妮．拉齊克（Tiffany Lazic）
《偉大的工程》（*The Great Work*）作者

「無論你是初學者還是聖人，本書都透過來自全球各地的多重視角和實際應用，以及可以追溯到人類起源的信息，拓寬、增強、更新你與地球母親的連結。這本具教育意義的書籍，是任何以土為基礎的修行的絕佳同伴……（它）透過致力於蓋亞的意識、應用、運作，以及她移動的週期，將覺知帶回給地球母親。這是一件了不起的藝術品！」

——烏鴉孫女（Granddaughter Crow）

《自然世界的智慧》（*Wisdom of the Natural World*）作者

「《土系魔法》讀起來就像一封發自內心、獻給大地母親本身的情書，為讀者提供一座蔥蔥鬱鬱的花園，內含關於神聖土元素的信息。從野生的植物和古老的礦石，到顏色青翠的烈酒和陸地上的棲息地，對於想要了解更多自然世界之魅力的任何人來說，本書都包含至關重要的知識。運用大量有幫助的練習和具支持作用的訣竅一路走來，朵荻．葛蘭姆．麥凱嫻熟地指導讀者運用實用的方法與大自然連結、深入探究泥土、與大地景觀建立起根深柢固的關係，而且發揮土元素本身的神奇魔法。」

——凱爾登（Kelden）

《彎曲的小徑》（*The Crooked Path*）作者

「這本精彩好書將會深化和加強你與你所居住的土地、土元素，以及與地球的關係。本書深入探究人類與土元素之關係的神話、歷史、民間傳說、象徵意義，邀請您探索自己與這個元素的關係。」

——伊芳・阿布羅（Yvonne Aburrow）

《愛與愉悅的行為》（*All Acts of Love and Pleasure: Inclusive Wicca*）、
《黑暗之鏡》（*Dark Mirror: The Inner Work of Witchcraft*）、
《黑夜之旅》（*The Night Journey: Witchcraft as Transformation*）作者

「本書一開始就奇妙地准許我們：好好深思我們的星球、我們的魔法，乃至直接做筆記。它開始於這個堅實的基礎，而且只從那裡逐漸發展。麥凱涵蓋了每一個層面的存有、地方、神話、土系魔法。對於任何重要的魔法與巫術收藏來說，這是一本必不可少的著作。」

——莉莉絲・朵西（Lilith Dorsey）

《水系魔法》（*Water Magic*）和
《奧里莎、女神、巫毒女王》（*Orishas, Goddesses, and Voodoo Queens*）作者

獻給
「北方之心女巫團」（Boreal Heart Coven）
過去、現在、未來的成員
基於魔法、友誼、
對「技藝」的熱愛

以及
獻給傑夫，以我所有的愛
支持
地下室裡
那群聒噪的女巫們。

# 目錄

## 第3部　土系魔法的應用與儀式

# 魔法工作的基石

好幾世紀以來，透過許多祕傳的實務做法，元素們一直是魔法工作的基石。無論是占星學或現代巫術，這四大元素都在更廣大的多維靈性架構範圍內創造出邊界和結構。它們強調概念，使概念變得更加淺顯易懂。

確切地說，「土」（earth）是我們行走其上的地面，它是岩石、泥漿、山脈。「土」也是我們的身體以及今生的物質顯化，它是我們的中心和我們的穩定。

「火」（fire）是壁爐裡的火焰，它是蠟燭、營火、太陽。「火」既可以溫暖，也可以毀滅。它有力量轉化和煽動，它的火焰是我們的熱情和我們繼續前進的意志。

「水」（water）是來自天空的雨，它是人世間的海洋和湖泊、令人欣慰的沐浴、早晨的露水。「水」是我們的血液和汗水，以及我們的記憶，它統治我們的情緒，顯化成為眼淚。

「風」（air）在我們周圍，它是我們的呼吸、我們聽見的聲音、觸碰我們臉龐的風。「風」攜帶種子和花粉、警告人的氣味和令人愉悅的氣味、文化的歌謠。「風」是我們的聲音、我們的念頭、我們的點子。

雖然每一種祕傳系統以不同的方式應用這些基本概念，但四大元素都在幫忙建構實務做法，逐漸產生對自我的更加理解。對現代女巫來說，四大元素往往表現在她們的魔法工具中；舉例來說，高腳酒杯可能是水，五角星形可能是土。對信仰巫術的威卡派（Wicca）教徒來說，比較具體的是，四大元素幫忙升起魔法圈，讓保護區得到力量的加持。在塔羅牌中，四大元素流經數字牌的象徵性意象；而在占星學中，每一個元素由三個星座代表。對其他人來說，四大元素為每天的靜心、觀想、法術施作或生命功課，提供靈性指引。有人可能會問道：「我需要什麼元素才能度過今天呢？」

本書是一套特殊書系的第四本，這套書系深入探討元素的象徵意義和魔法效用。每一本聚焦在一個元素，涵蓋與該元素相關聯的每一樣東西，從靈性聖域和神明，到實用的法術和儀式。對於想要將自己包裹在元素實務做法中的女巫來說，或是對於需要每一種元素資源的某人而言，本書和同一書系的姊妹作品，將會提供你需要的每一樣東西。「巫術的元素」（Elements of Witchcraft）書系中的每一本著作，是由來自全球的四位不同作者所撰寫，這顯示，領略深奧莫測的四大元素涉及多麼的廣泛和深入，以及該如何讓那個概念為你自己的魔法和靈性需求運作。

加入我們，一起深入探索四大元素的魔法效用吧。

——海瑟・葛林（Heather Greene）
水、風、火、土四大元素魔法系列主編

作者序

# 神聖的土元素能量

一九六八年十二月二十四日，阿波羅八號（Apollo 8）太空任務的太空人們正繞著月球的軌道運行，慶祝平安夜。當他們的太空船從月球的黑暗面出現時，我們的家園——地球，出現在月球的地平線上方。太空人比爾．安德斯（Bill Anders）拿起相機，捕捉到了一張關鍵性的照片。這幅圖像的前景描繪了月球坑坑窪窪的灰色表面，與此同時，一顆小巧精美的藍白色星球飄浮在墨黑色的背景中，獨自蹲坐在太空的深處。

這幅彩色圖像是獨一無二的。在那個時代，衛星圖像還沒有搶走人類攝影師的工作，攝影師需要很幸運且在對的時間出現在對的地方。當時並沒有數位副本可以在幾秒鐘內四處分送。他的底片需要送回地球，沖洗顯影。慶祝一九六九年的新年時，全世界分享著已經改變了那些太空人生命的東西。

地球，我們的生物圈，看起來像是一圈微弱的藍色光暈，就跟某顆行星的氣場一樣。盤旋的白雲，遼闊的藍色海洋，一抹沙棕色將非洲突顯出來。明顯的一條線揭示，地球一半以上的地方正在經歷日光，同時地球的其他地方籠罩在夜晚的黑暗之中。我們所有的歷史、現在、未來都被捕捉到，包括每一隻生物、每一樣植物、每一塊岩石、每一滴水。全人類，除了坐在太空船內的三個人之外，都一起沉浸在一幅非凡的畫面中。

這張照片被稱作「地出」（Earthrise），而且隨後被譽為有史以來最重要的照片之一。它是人類第一次有機會看見以我們的星球為背景且多少客觀地洞悉到我們居住之地的細緻美麗。這張照片繼續成為標誌性的圖像，出現在世界各地的電視、雜誌封面、學校教科書、百科全書、報紙文章上。但是比爾・安德斯那天為我們帶來的不只是一張令人敬畏的照片；他讓一般人有機會更進一步地瞥見某樣東西，那東西是只有曾經旅行到太空的少數精英體驗過的「總觀效應」。

太空哲學家兼作家法蘭克・懷特（Frank White）在一九八七年創造了「總觀效應」（Overview Effect）一詞，描述太空人從太空中看見地球時所體驗到的現象。❶ 懷特採訪過的這些太空旅行者始終如一地報告，在離開地球且有能力從遙遠的上方看見地球的全貌後，他們經歷了意識的轉換。看見全人類在太空中飄流，加上地球周圍的浩瀚空虛，情緒反應據說是巨大的連結和敬畏。

從太空看，我們的星球沒有邊界，沒有分裂，也沒有圍牆。它是一顆星球，一處家園，統一而美麗，籠罩在一層薄得令人震驚的大氣保護層之中，賦予地球的植物群和動物群那份生命的恩賜。這怎麼可能不對那些有幸乘坐太空船射離，以便見證這幅景象的少數靈魂造成改變生命的衝擊呢？為什麼人類需要走到如此極端才能在意識上發生這種深邃的轉換呢？

我們全都經歷過這樣的時刻：正常生活的日常磨練要求我們後退一步，重新組合。這番視角的轉換可能是簡單的事，就像從爭論處走開、度個假或關掉手機。在某個層面，我們都明白，為了盤點對我們真正重要的事，我們需要看見大局。對於親身體驗到總觀效應這份恩賜的太空人來說，他們正在體驗人類所能想像最為壯麗的「暫停」。

身為女巫、異教徒、魔法修習者或擁抱樹木的地球熱愛人士，這可以教導我們什麼呢？我想，它是一次當頭棒喝。我們可以從覺知到我們的星球的整體大局，以及從選擇用心地考量這個大局之中學到教訓，這些是為我們的靈性實務以及我們的整個人生灌注

---

註❶：Frank White, *The Overview Effect: Space Explorations and Human Evolution* (Boston: Houghton Mifflin, 1987)。

力量的關鍵。當我們尊重且接受人類與自然世界的相互連結性，以及我們在宇宙中的位置時，我們便概括地了解自己有什麼可用的潛力。我們可以擁抱它的浩瀚，施展我們的魔法，找到方法連結到我們周圍的固有能量，而且為我們施行的魔法灌注力量，顯化我們想要活出的世界。

幾年前，我製作了一部關於業餘天文學家的紀錄片《繁星之夜》（*Starry Nights*）。在企畫案期間，我能夠旅遊到英屬哥倫比亞省（譯註：又稱「卑詩省」）的幾座小型天文台，與管理這些地方的天文愛好者會面，了解他們對星辰的熱情。對於我們將要談論的事物的類型，包括望遠鏡、行星、恆星等天文學事物，我有一些先入為主的想法。我們確實討論了那些事物，但是我們更常談論到地球。我會見的這些善良而熱情的人們都有一或二則故事，說當他們領悟到我們的星球在整個太空中是多麼的渺小時，他們感到十分謙卑和敬畏。每一個人都有過透過望遠鏡觀看且領悟到那景象是多麼驚人的時刻。以某種方式，我們的星球經歷了完全適當的環境，可以創造和維繫生命。這可能與太空人在太空飛行時體驗到的總觀效應不同，但是與這些天文學家們交談，然後我自己有機會透過大大的望遠鏡觀看且親眼看見太空的深處，我確實被情緒以及某種敏銳的感覺征服了，感覺到對我來說，我站著的土地比以往任何時候都更活躍、更有活力、更神聖。

在本書中，我們將探討如何擴展我們的視角，談論「地球」對我們有什麼意義，以及如何將這點應用於魔法的修習。是什麼將「土」定義成元素的呢？管理我們的地球母親與我們的魔法實務有什麼關係？我們如何才能接通地球的固有能量，而且用它來為我們的魔法灌注力量並改善我們的生活呢？本書將會提供參考信息，談及土元素的不同象徵和顯化，讓你可以運用到你自己的修習中。

## 記錄你與地球的連結

閱讀這些章節之際，鼓勵你做筆記。在日誌中寫下你的觀察結果，之後再重新審視。准許自己改變想法，修改筆記。我們在自然界中看見，沒有什麼東西是天生就完全成形的。成長會發生啊！且讓你的日誌成為記錄自己的土系成長的文件。

「土」顯化在觸覺和感官的歡愉之中，所以要找到一本吸引你的日誌，把字寫在漂亮的紙上。裝飾你的日誌，讓它有個人的風格，使它在視覺上具有你想要的吸引力。找一支握起來舒服、寫起來愉快的筆來書寫。用鋼筆試驗看看，用彩色鉛筆注入一些顏色，畫些圖畫，發揮創意。製作一本你用起來將會興奮雀躍的日誌。

複印你正在閱讀的這本書，也是做筆記的機會。如果你跟我一樣，八成會把你獲得的書照顧得很好。我偶爾准許自己將一本書用作作業工具且因此玩得很開心。所以，我正在將這份權限傳遞給你。在本書書頁的空白處書寫，使用螢光筆，而且劃重點。訂製你的複印本之際，保持凌亂而有創意，讓它與你的日誌並列，當作紀念品，記載你與土元素日益增長的關係。

建議，這是土元素的第一課：創造一份歷史紀錄。就像地球是建造在一層又一層的岩石和沉積物上，創造著一則地球成長的地質故事，你也可以透過讀到的內容寫下和記錄你的旅程。記下這些頁面中概述的信息和實務工作。完成這項工作後，請回頭檢查一下你寫下的內容，從中挖掘靈感和洞見。

現代巫術和異教傳統往往被稱作是「奠基於地球」的道路。這意謂著，在宗教的、靈性的和魔法的修行的中心，有一個聚焦在地球本身的焦點。這可以呈現多種形式，從規劃你以自然現象和週期為主的慶祝活動，到將地球尊為某個神性存有。這份神性往往被視為是女性的、包羅萬象的「地球母親」（Earth Mother）形象。正是這份與我們周圍實際、可觸知、可看見的「土」的連結，吸引許多人去學習和修練這些傳統。

你與「土」這個字有什麼關聯？與我們的星球、與泥土有什麼關聯？你在心靈之眼中看見地精（gnome）的圖像嗎？還是看見圓潤而有繁殖力的母親女神形象？你想像綠色而青翠的花園滿滿的水果和蔬菜嗎？還是想像多岩山脈的裂縫呢？你是否像古希臘人那樣，將「土」視為寒冷乾燥的元素？還是你想像它是複雜的、活生生的、正在呼吸的單一存在體，被稱作「蓋亞」（Gaia）？

找到「土」在你心中的位置（作為元素、作為你的住家還是作為神性的化身），開始於了解你在其中的位置，以及基於那份關係建造增長。幾乎任何巫術或異教道路的修行，都將得益於花時間讓自己調頻對準周圍大自然的土系能量，以及與在你的環境中運作的勢力建立起同感和連結。這並不像聽起來那樣令人生畏。一開始要先考慮你居住的地方。

想像一下，你有來自外地的同伴，而你的客人也是巫師或女巫，跟你一樣對連結到他們目前占用的土地深感興趣。如果他們開始詢問以下這些問題，對話會如何進行：

1. 描述這個地區的地質情況。想想你雙腳底下的土地，是鬆散的沙質土壤嗎？還是堅硬的黏土層？你所在地區是在沖積平原上呢？還是某座花崗岩山脈的一側？
2. 有哪些顯著的地理特徵？有山脈、河流或森林界定你所在的地區嗎？它們叫做什麼名字呢？

3. 誰是你所在地區的第一批人民？在現代的定居發生之前，你所在地區有哪些原住民群體？你代表原住民還是移民呢？

4. 當地有哪些古代聖域？附近是否有立石、聖井、石油石（Petroform，又稱巨石輪廓或巨石馬賽克）或土丘？這些是自然形成的地方呢？還是人類建造的？誰建造它們的？又為什麼建造？

5. 當地有什麼關於土地靈或超自然生物的傳說？世界各地都有其他存有居住在景觀中且影響當地的人們、動物、土地的故事。

6. 說出三種原生的樹木／花卉／植物藥材。這可能有點棘手，因為往往有植物和樹木生長在我們周圍，它們已經被引進我們的地區，而且已經好好地安頓下來，因此它們覺得好像自己一直在那裡。

7. 說出三種原生的動物／鳥類／魚類。即使是在大城市，動物也會找到建造自己家園的方法。

8. 每一個季節開始於大約日曆的哪一個日期似乎是固定的嗎？這不一定會與夏至、冬至或春分、秋分同步。嘗試準確定位，感覺起來好像季節的改變何時已經發生。

這個練習的目的是要好好檢查你自己，看看你對最基本的資源來源了解多少，以及你是否理解當地景觀的特徵是如何組合在一起的。我們不僅在平凡的日常生活中運用這些資源和我們的景觀，也在我們的魔法實務中運用。知道它們是什麼以及它們來自哪裡，確實是很好的主意。

在你的日誌中寫下這份問題清單。嘗試在不做任何研究的情況下盡可能多多回答。一旦你根據目前的知識寫下了你的答案，再看一次那些問題。這一次，運用你用起來最舒服的不管什麼研究工具，填滿你可能留下的任何空白並糾正任何錯誤。當你的知識隨著時間的推移而增長，回顧一下你的進步，並在你接收到新的信息時好好做筆記。如果你旅行到新的地方，嘗試瀏覽一下這份問題清單。

本書的意圖是提出一些信息和技術，可以豐富你與土元素的連結。當你閱讀本書時，我真的鼓勵你嘗試書中的練習、儀式作業、提出的建議。製作東西、烹飪東西、釀造東西、扎根接地和歸於中心、喚起神明、持續寫日誌、用心練習魔法，這些是感官、觸覺的體驗，在我們的環境中和我們自己內部創造出有效的改變。做著這些事情時，著眼於觀察我們周圍的模式，和季節的變化以及它們彼此之間的關係，這將會幫助你建立自己的整體觀點，明白土系魔法如何影響我們的人生。

第1部

# 土系魔法的神話與歷史

# 1 貫穿古今和所有文化的土

在本章中，我們將會探究一下土元素的某些不同顯化，以及它們如何影響人類的魔法和靈性實務。在最基本的層面，地球是我們的星球、我們的家園。我們始終在形塑和操縱我們周圍的土地、建造使自己更舒適的東西、對我們所崇拜和珍視的東西表示敬意。在象徵的層面，「土」代表穩定可靠、扎根接地、親近自然。它涉及唯物主義，以及我們的思想、行為、欲望的物質顯化。

## 創世時期

從我們在地球上的時候開始，人類就一直試圖解釋和理解我們的星球是如何形成的。我們講述了故事且創造了神話，企圖理解、記錄、操控我們的世界、其他人們、世界上的生物。創世神話是一種文化如何看待世界的基礎。它們為它們所代表的人群創造一種共同的語言、象徵、身分。從這樣的說故事開始，地球上已經有無數的文化，它們傳播到世界各地，而且被時間和距離隔開。儘管如此，這些文化如何創造地球的神話卻擁有某些類似的主題，而且這些主題記錄了某些驚人的相似之處。

人類學家兼民俗學家瑪塔·韋格（Marta Weigle）教授在她的著作《創造與生育：女權主義對宇宙源起與分娩生產神話的反思》（*Creation and Procreation: Feminist Reflections on Mythologies of Cosmogony and Parturition*）之中詳細介紹了九種不同類型的創世神話：

1. 積聚或會合——古典元素們以某種方式結合起來創造。
2. 分泌物——某位神性存有的體液顯化成為某個造物。

3. 祭品——在某位神明旁邊製作的祭品觸發創造。
4. 分裂或圓房——以性結合、蛋的孵化或宇宙部分分裂為特色的神話。
5. 地球潛水員——某位神明或生物潛入水中，取回一些用於建立或重建大地的物質。
6. 突然出現——大地上的第一批居民從另一個地方出現，創造了我們的世界。
7. 兩位造物主——世界是由兩位神明在合作或競爭中創造出來的。
8. *deus faber*——「造物主上帝」。世界是由某位神明精心製作的，像一件藝術作品。
9. *ex nihilo*——「無中生有」。神透過他們的話語或意志創造出世界[2]。

在這些神話中，我們世界的創造是用這九個概念之一或某種組合描述的。最廣泛流傳的概念之一，是地球潛水員作為造物主。這個主題在東歐、西伯利亞、印度東北部、北美洲各地回響著。在這些不同的文化中，我們聽到種種故事，描述各種各樣的生物向下潛入浩瀚的海洋中（當時的地球沒有陸地），從海洋底部帶上來某些物質，創造出人類和動物可以在其上居住的環境。

侯德諾嵩尼（Haudenosaunee，即「易洛魁聯盟」Iroquois）的「天女」（Sky Woman）故事就是這類故事的例子。這個神話有許多變形，但是全都有同樣屬土的主題，在這些主題中，我們將「天女」視為造物主、母親、女神。

## 天女

很久以前，這個世界只有水覆蓋，居住著水中生物以及可以在水的上方飛翔的鳥類。高高的水面上方住著「天人」（**Sky People**）。一天，天女發現自己懷了雙胞胎，她一個趔趄，從一個坑洞摔落下來，掉落時，她抓住了種子和根，然後開始往水裡墜落。在下方，水獸和水鳥可以看見光來自高空上方的坑洞以及天女墜落的身影。動物們聚集起來，看看能不能幫她，於是鳥兒們被派遣向上，引導她下落。動物們召喚海龜，要海龜給她一個安全的著陸點。當天女降落時，她非常感謝動物們的幫助，但是她需要土地才能活下來。就這樣，動物們一隻接著一隻，設法替她找尋土地，牠們向下深深地潛入

---

註❷：Marta Weigle, *Creation and Procreation: Feminist Reflections of Mythologies of Cosmogony and Parturition* (Philadelphia: University of Pennsylvania Press, 1989)。

水中，從水底搜尋一些泥土。最終，動物之一——有人說是「麝鼠」（Muskrat），有人說是「水獺」（Otter），還有人認為是「蟾蜍」（Toad）——設法將一口泥土帶了上來。天女把那口泥土放在海龜的背上，然後開始唱歌跳舞。她種下了她掉落時抓住的種子和根。隨著她唱歌跳舞，那口泥土增加了、蔓延了，創造出我們現在所說的「海龜島」（Turtle Island，或是有些人稱之為「北美洲」）的土地。當雙胞胎出生時，他們既打鬥又競爭。隨著他們這麼做，所有造物被創造出來，使地球保持平衡。然後人類成為地球的照看者，要維持這份平衡並照顧好「地球母親」。

## 史前時期

對我們的遠古祖先來說，大地本身變成了藏身之處與社群所在的地方，他們將洞穴當作居住地。世界各地，從澳洲到歐洲、非洲、北美，都曾經發現人類穴居的證據。人們留下的文物和藝術品，記錄了人類出現在洞穴之中。在西班牙境內的阿爾塔米拉洞（Altamira Cave），用赭石和木炭蝕刻了馬和野牛的圖像，還有三萬五千六百多年前製作這些圖像的藝術家們的手印。在索馬利亞境內的拉斯．蓋爾（Laas Gaal），似乎穿著儀式服的乳牛們、一隻長頸鹿、馴養的狗陪伴人類的圖像出現繪畫中，據估計，年代介於一萬一千年前至五千年前。印度境內的比姆貝特卡石窟（**Rock Shelters of Bhimbetka**）包含大量珍貴的畫作，時間可以追溯到遠及一萬兩千年前以及近至中世紀時期。那些圖畫讓我們看見例如老虎、野牛、猴子、大象、羚羊等動物，以及跳舞、狩獵、採蜜的場景。

最著名的彩繪洞穴位於法國西南部的蒙提涅克（Montignac）村附近。拉斯科洞穴群（**the Lascaux Cave complex**）的繪畫特色是鹿、原牛（**auroch**，譯註：一種已滅絕的牛亞種，是現代家牛未馴化的野生近親。最後一隻原牛於一六二七年在波蘭滅絕）、野牛、馬、羱羊（**ibex**，譯註：阿爾卑斯山的野山羊），而且在舊石器時代（大約西元前一萬七千年至西元前一萬五千年）期間被修飾過。六百多幅圖像裝飾著洞穴的牆壁，包括一頭長五點二公尺的公牛圖像，使它成為有史以來在洞穴中發現的最大動物繪畫。

完成這些畫作所需要的藝術複雜程度和技巧指出，如此大費周章和小心謹慎，一定是因為對藝術家和他們所代表的社群來說，這些十分重要。在只有某種火光的黑暗洞穴中工作絕非易事。已發現的許多彩繪洞穴中的某些圖像，在高高的頭頂上方，或是位於棘手且難以觸及的位置。我們只能猜測為什麼要製作這些繪畫。提出的理論表示，它們可能具有儀式或宗教的重要性，不然就是某種交感魔法（sympathetic magic），目的在確保某次狩獵的成功。無論動機因素是什麼，在世界上許許多多不同的地點都出現這類藝術品，說明了人類天生渴望撤退到洞穴的避難所，並留下他們連結到土地和動物的文獻。

古希臘的哲學家們相信，世界上的一切都是由我們現在所說的四大古典元素構成，包括：土、風、火、水。最後他們新增了第五個元素：乙太，又稱作「靈」。來自這個系統的象徵意義和對應關係，已經歷了時間的磨練，至今仍被魔法修習者和科學家所引用。

中世紀時期，在世界上大部分地區，基督教正在取代異教信仰。俗話說：「歷史是由勝利者撰寫的」，因此，我們對基督教之前的習俗、膜拜儀式、人民的宗教的了解，許多都是透過基督教的濾鏡記錄下來的；而且絕大部分是由男性所撰寫，從特別男性的視角出發。書籍是為少數精英保留的，這些人有錢、有特權，可以接受教育，學習閱讀和寫作。當時仍舊承載著民間傳統和當時做法的婦女或老百姓，根本無法進入這些學習機構。許多這些做法和信念的土系傳說，成為口述歷史倖存下來，不然就是已經由考古學家和學者們，運用當時的物質遺跡，結合流傳下來的口頭傳說，重建起來。

在此期間，煉金術的修練生氣勃勃，受過教育的精英成員，將他們的科學和哲學知識與神祕主義相結合。煉金術士忙著實驗地球上的一切都是由四大古典元素的某種結合構成的理念，以及如果你可以找到方法將它們正確地結合起來，就可以創造出什麼。煉金術士周圍的祕密狀態和神祕事物，吸引了對神祕學有興趣的人們以及對天主教會的懷疑。對現代女巫和異教徒來說，這方面的遺產是一套來自元素的魔法對應關係系統，今天仍舊被許多傳統的修習者所認可和使用。

到了十七世紀末，中世紀的迷信逐漸淡出，進入一種新的思考，開始挑戰現狀，質疑當時的壓迫性權威。「啟蒙時代」（Age of Enlightenment）期間，這些新的思考方式創造了大規模的社會變革，最終導致了法國和美國境內的革命。這也是共濟會（Freemasonry）、光明會（Illuminati）、玫瑰十字會（Rosicrucianism）之類的祕密社團，開始在歐洲和北美社會大受歡迎的時期。這些組織融合了祕密、神祕的智慧、儀式的結構、新的思考方式，以及建立關係網的機會和友誼。這些概念和結構為早期的異教復興提供了信息，因為早期巫術和異教運動的許多創始人，要麼是這些組織的成員，或受到這些組織啟發。這些組織還負責建造建築物供會員們聚會，也負責為會員們出版書籍。雖然出版的書籍不一定廣為流傳，但卻暗示神祕學讀者，未來會發生什麼事。

隨著巫術和異教信仰進入現代，世界正在迅速改變。技術和文化的進展正以愈來愈快的速度移動，而且地球即將受到兩次世界大戰的巨大影響。大自然以及回歸鄉村與大地，在藝術、詩歌、文學中被浪漫化了。隨著人類進入二十世紀，這股日益增長與有形和無形自然世界連結的懷舊之情，正在逐步積累。

在西方社會，這個時代對玄學與神祕的所有事物都產生了濃厚的興趣。許多人對周遭世界的事件感到不安，於是向靈媒、靈異人士、靈尋求答案。塔羅牌解讀、降神會、茶葉解讀、看手相、占星術等方法深受歡迎，接受度愈來愈高，這表示，人們想要的答案和指引，超出了社會既定機構所能提供的。改變正在發生，而且以前只能小聲討論，視之為迷信、胡說八道或更糟的事物，現在正日漸抬頭，成為可行的替代方案。

在同樣的西方社會中，始終有魔法的傳統一直以各種形式存在。每種文化都有某種民間醫療、符咒、詛咒的傳統，或是某種有智慧的人，有本領治癒人們或動物，以及經由某些超自然的方法引發或消除麻煩。這些人擁有知識，知道如何以某種方式操縱自然世界，實現他們的目標，或僱用他們這麼做的某人的目標。

這類工作通常私下進行，而對這類知識和傳統的深入了解，保留給挑選過的個人。到了二十世紀中葉，情況也將會以當時沒有人預料到的方式改變。

我們的祖先可能建造了宏偉的神廟獻給眾神，或是建造了描繪各種神明的石圈和雕像，但是在二十世紀，出現了不同版本的異教和巫術文化。大量共享的知識，以及從廣泛出版的書籍和期刊中開源學習的新傳統，突然進入了公眾的視野。組織開始形成，也開始爭取與主流宗教相同的權利。異教徒開始建造基礎設施、專用圖書館、資源中心，乃至異教徒可以學習如何成為公認的神職人員的教育機構。有些人甚至購買土地，建立異教徒的靜修區或露營地。當這種情況開始發生時，它非常迅速地發展成形。對這些資源和地方的需求，逐漸變得相當明顯。

一九五一年，英國廢除了《巫術法案》（*Witchcraft Act*），於是成為女巫和操練巫術不再是非法的。一位名叫傑拉德．加德納（Gerald Gardner）的退休中年男子，正需要這樣的自由，他才能出版一本談論這個主題的著作，而且公然宣稱自己是巫師。

雖然加德納絕不是當時唯一一位積極操練他的技藝的巫師或女巫，但他是聲音最大的。他變成了發言人，積極地向媒體宣傳巫術。這種關注的作用就像一座燈塔，吸引了世界各地其他感興趣的人們加入現代的巫術運動。從這時候開始，這個現代運動得到了動力，現代異教和巫術機構的建設認真地開始了。事物開始顯化，於是一種新異教文化誕生，開始強烈需要資源、基礎設施、教育。

雖然這份機構和組織清單一點也不完整，但它確實代表正在建立的異教和巫術相關資源的新世界。這些東西代表「土」：它們是我們的社群的基礎，是我們創造力和想像力的繁殖能力，而且它們代表維繫我們的傳統和實務做法的豐盛和滋養。新異教運動開花了，而且非常迅速地成長，這說明了相關人員的渴望實力，想要確立和建造真正的系統和文化。

## 教會與組織的影響

隨著異教徒和威卡教信徒們不斷地努力被主流社會接受，對正規教育和培訓的需求也隨之增加。舉例來說，大部分的威卡教傳統，都有一個封閉的系統來培訓他們的祭司。受過訓練的高級女祭司或男祭司，可以啟蒙和訓練新進的威卡教信徒，但是這份權威和教育是專屬於那個女巫團，在外在世界並沒有任何正式的地位。整個一九七〇年代，隨著巫術和異教信仰的傳播和普及，尤其是在北美洲，人們開始尋找其他宗教提供的那種正式培訓。具有國內和國際形象的組織也開始出現，目的在幫助求道者找到與之合作的教師和團體，同時支持巫術和異教的傳統以及修習者們。

美國境內最古老的異教教會，之一是一九六八年成立的「萬界教會」（Church of All Worlds，簡稱 CAW）。該教會的創始人奧伯倫·澤爾（Oberon Zell），透過《綠蛋雜誌》（*Green Egg Magazine*）和一家異教雕塑公司「神話形象」（Mythic Images）發揚新異教文化的創造。其他教會也很快跟進。「女神盟約」（Covenant of the Goddess）於一九七五年在美國成立，以一個全國性組織的身分提供服務，致力於確保女巫們和威卡教信徒取得主流宗教所擁有的權利和特權。這個網狀系統包括美國、加拿大、英國、澳大利亞各地的地方議會，提供儀式和教育服務。

加拿大威卡教會（the Wiccan Church of Canada，簡稱 WCC）位於安大略省多倫多市，於一九七九年被合法承認是加拿大境內的一支教會。一九八〇年，高級女祭司塔瑪拉·詹姆斯（Tamarra James）成為獲准在加拿大監獄內提供宗教探訪的第一位威卡教女祭司。她與她的丈夫理查德（Richard）一起，他們還開設了「神祕商店」（Occult Shop），創立了「奧狄賽傳統」（Odyssean Tradition），過去四十年來，一直始終如一地提供培訓和公開課程。加拿大威卡教會，現在被認為是加拿大歷史最悠久、規模最大的威卡教組織。

另一個有影響力的美國異教教會是「水瓶座聖幕教會」（Aquarian Tabernacle Church，

簡稱ATC），也成立於一九七九年，而且本身不只是一個傳統，還作為一個傘形團體，為其他威卡教和異教團體提供資源與合法的支持。水瓶座聖幕教會在美國境內以及加拿大、南非、澳大利亞、愛爾蘭境內，是得到合法承認的教會。水瓶座聖幕教會也贊助提供聖職教育的「伍爾斯頓－斯蒂恩神學院」（Woolston-Steen Theological Seminary），以及「螺旋童子軍」（Spiral Scouts），後者是一個像主流童子軍組織一樣的兒童組織，但是擁有異教徒的世界觀。

並不是所有的異教組織都是教會。異教徒聯合會（Pagan Federation）於一九七一年在英國成立，旨在代表異教社群主張，以及對抗當時盛行的負面刻板印象，不幸的是，那種刻板印象至今仍舊存在。國際異教徒聯合會（Pagan Federation International，簡稱PFI）是後來創立的，作為一個國際傘形組織，其成員遍布至少二十三個國家，代表著各式各樣的異教傳統。除了履行與異教徒聯合會相同的角色外，國際異教徒聯合會還充當資源，連結全球感興趣的求道者與積極的修習者。

朵琳．瓦連特基金會（Doreen Valiente Foundation）談到，在人們的記憶消失之前，記錄和保存我們的近代異教歷史愈來愈重要。朵琳被譽為「現代巫術之母」。她的著作和詩作形塑了威卡教的方法，而且推而廣之，影響了現代巫術和多種異教信仰的修練方法。當她在一九九九年去世時，她將她的魔法和威卡教相關收藏，遺贈給她在去世前一起合作的高級祭司——約翰・貝勒姆-佩恩（John Belham-Payne）。約翰和他的妻子茱莉（Julie）是「異教研究中心」（Centre for Pagan Studies）的創始人，該組織致力於提供探討魔法和民間傳說的教育講座。瓦連特的那些收藏品屬於他們創建的慈善信託機構朵琳・瓦連特基金會，基金會的宗旨在於設法確保大眾可以查看和欣賞這些收藏品，不會受到丟失、剝削或被賣掉的威脅。

組織的成長導致人們需要有聚集的地方。神祕商店變成了資源中心，它們的空間成為避風港，讓求道者有機會可以找到社群、老師、志同道合的人們。在西方世界，幾乎任何規模的每一個社群都有某種商業產品，吸引對魔法有興趣的人們。迎合異教徒和巫術買家的塔羅牌、蠟燭、草本植物、書籍，也成功打入主流的大賣場書店，清楚地表示，對這些物質商品的需求不少而且有利可圖。但是這個社群對異教徒友好空間的需求，迅速超過了商店內的狹窄空間，而且渴望在戶外聚會，與大自然和大地密切交流，這導致建立由異教徒擁有和經營的戶外設施。尋求由異教徒擁有的土地，來提供異教文化和靈性活動正持續進行中。

## 異教族群的異教土地

許多異教族群喜歡到戶外參加節慶。整個夏季，從一天到一週或更長時間的活動，通常發生在已經為了這個活動租用的土地上，而且可以包括露營作為整套活動的一部分。創造永久異教徒友好環境的渴望，驅使一些個人和團體為了實現這個目標而投資土地。「圓圈聖所自然保護區」（Circle Sanctuary Nature Preserve）成立於一九七四年，它包含迅速成長的異教社群正在尋找的許多資源。這片土地坐落在美國威斯康辛州西南部八千公畝的鄉間，為一年一度的節慶、課程、季節性儀式提供場所。美國境內最早的「綠色墓園」之一也在圓圈聖所，為女巫、異教徒、崇敬大自然的其他人，提供一個既有共鳴又可以被埋葬和緬懷的地方。這座墓園占地八百公畝，也為陣亡的軍人異教徒提供一片特殊的場地。陣亡軍人的墓碑由美國退伍軍人事務部（US Department of Veterans Affairs）提供，而且，多虧自由女神聯盟（Lady Liberty League，這是一個由圓圈聖所創始人賽琳娜·福克斯〔Selena Fox〕牧師領導的請願團體）的努力，軍人墓碑現在可以有包括代表女巫、威卡教徒、異教徒的五角星形，或是代表德魯伊教信徒（Druid）的「阿文」（awen，譯註：威爾斯、康瓦耳、不列塔尼語，意思是「靈感」）標誌。

渡鴉圓丘（Raven's Knoll）位於加拿大安大略省南部，波內雪爾河（Bonnechere River）畔的四千公畝土地上，這是一處異教徒擁有和經營的露營地和活動中心。成立於二〇〇九年，旨在為加拿大最大的異教節慶「萬花筒聚會」（Kaleidoscope Gathering）提供場地，而且從五月到九月，幾乎每一個週末都舉辦小型節慶和活動。這片土地的所有者奧斯汀·勞倫斯（Austin Lawrence）與瑪麗安·皮爾斯（Marianne Pearce），創造了獨特的氛圍，這個氛圍不屬於任何一種異教傳統，非常強調社群建立和參與。這片土地上有代表許多不同傳統的聖域和神龕，而且一切都在志工的支持下得到維護。像「圓圈聖所」和「渡鴉圓丘」這樣的大型場地很少見，但是隨著異教運動的成長，圍繞著它形成的基礎設施和文化也跟著增加。

## 為大自然而戰

現代的異教信仰與環保運動有著緊密的連結。隨著我們走過二十世紀，人類造成的破壞迅速地變得不容忽視，崇拜大自然的異教徒與環保行動家之間的界線，變得愈來愈模糊。那些把地球當作母親崇敬的人們開始為她而戰。科學家兼作家詹姆斯·洛夫洛克

（James Lovelock）於一九七九年出版了《蓋亞，大地之母：地球是活的》（*Gaia: A New Look at Life on Earth*）一書，詳細介紹了現在被稱作「蓋亞理論」（Gaia Theory）的內容。他在這方面的工作始於一九六〇年代，提出的理論表示，地球可以被視為活生生的單一有機體，而且地球上的所有生命和系統，在維護和調節舒適地維繫生命的狀態方面，都扮演某個角色。他於一九七五年發表在《新科學家》（*New Scientist*）雜誌上的文章，大略介紹了他的理論，使他的理論得到許多支持，同樣也得到其他科學家和批評家的些許關注。奧伯倫·澤爾提出的另一個「地球母親蓋亞」的願景，比洛夫洛克出版的蓋亞理論版本更早。一九七一年，澤爾在自己的《綠蛋雜誌》發表了標題為〈希婭創世記〉（TheaGenesis）的論文，文中同樣描述了地球上的所有生命是一個活生生且有情的存有。兩種理論都為異教地球行動家提供了科學和靈性層面的洞見和靈感，也提供了參考文獻。

在以地球為基礎的靈性運動方面，主導發聲者是斯塔霍克（**Starhawk**，譯註：一九五一年生，美國的女性主義者兼作家），她的著作和行動讓新異教徒和行動家們領悟到魔法、行動主義（activism）、女神崇拜的基本原理。她與永續栽培設計師潘妮·李文斯頓－史塔克（**Penny Livingston-Stark**）的合作，已經演化成為「地球行動家培訓」（**Earth**

Activist Training），這是一套教導有效技能的課程，目的在透過永續栽培組織人們和療癒地球。這是一套系統，奠基於設計和實作系統，這些與大自然的模式共振同感，基於人們和環境的利益。它強調永續的方法可以獲得食物、住所、資源、社群。

在你找到努力保護地球以及療癒產業和文明造成的傷害的地方，你就會找到異教徒。英國境內的異教徒發起了一場名為「勇士的呼召」（The Warrior's Call）的全球運動，為的是抗議水力壓裂和極端鑽井技術。二〇一五年，一群異教徒發表了〈異教社群對環境議題聲明書〉（Pagan Community Statement on the Environment），這份聲明書在國際上得到了數千名異教徒的簽名和支持，被翻譯成十六種語言，而且得到社群內許多領導人的背書。儘管在異教運動內將不同的個性和傳統針對某一件事達成意見一致，可能很困難，但是對地球的關懷和擔心可能是一個例外。環保主義的落實，使現代異教徒們能夠將他們口頭上對地球的崇敬，提升成為現實世界中的行動。

＊＊＊＊

## 改變的時刻

並不是每一位異教徒或女巫都是環保行動家，何況很少有人生來就是那個樣子。通常我們發現自己處在某些人生的轉折點，在那些時候，我們決定要改變，於是為了保存和保護我們的地球母親而挺身奮戰。

史派蘿・肯普（Sparrow Kemp）是威卡教的高級女祭司、療癒師、行動家、〈威格利亞之道〉（Wigglian Way）播客的聯合主持人。她住在美麗且對環境敏感的加拿大英屬哥倫比亞省，在那裡，她將她對山區家園的關懷付諸行動。以下是她的改變時刻：

大約在二〇一四年十一月二十日之前兩週，我開始聽說本拿比山（Burnaby Mountain）上有抗議者。我住在本拿比山，所以這引起了我的興趣。我正在休假，因此我想，可以好好利用時間，了解一下我的社區正在發生的事，以及抗議者為什麼要在本拿比山上紮營。

當時「金德・摩根公司」（Kinder Morgan，現在是「跨山公司」〔Trans Mountain〕接管）正在設法為某條隧道鑽一些測試孔，好讓稀釋瀝青可以穿過本拿比山。他們希望建造的油管將會從埃德蒙頓（我的家鄉）開始，在本拿比（Burnaby，我現在住的地方）結束。稀釋瀝青是非常便宜且骯髒的原油，而跨山輸油管道的計畫是要在其中添加一大堆化學藥品，讓稀釋瀝青可以通過輸油管道進入油輪，然後運往中國。

我和我的姊妹一起坐在營地中，與另一對姊妹（她們算是這個社群中的「元老」）一起坐在聖火旁。我了解到的第一個事實是，這些人並不是「抗議者」。他們是對地球和水有著堅定承諾的保護者。「水就是生命」是她們與我分享的第二個真理。

我了解到，這個運動是由原住民領導的，而那條輸油管、C站大壩（Site C Dam）、以及所有正在提案和建造的侵略性企畫案，都是在未被割讓的原住民領土上進行的。那意謂著，這片土地從未因為戰爭或簽署而交給加拿大政府。簡言之，這片土地是原住民的，從自然和歷史的角度，他們是這片土地的管理人。

我更加了解到，國際特赦組織的報告「別再盜竊了」（No More Stolen Sisters），以及這些管道企畫案與失蹤的原住民女孩和婦女有何關係。我了解到與一條從埃德蒙頓到離我家不到一公里的油管有關的環境課題。得知我住在油庫的「爆炸區」內，我嚇壞了。如果那條油管出現任何嚴重的問題，我的家就有危險。

說句公道話，我並沒有在那座營地或那座聖殿中學到我需要知道的一切。我確實向那些看守火的人們承諾，我會盡我所能保護聖火，而且我確實盡我所能。我們全都盡力了。然後加拿大皇家騎警（Royal Canadian Mounted Police）進駐。

我記得某人大喊：「把你們的胳膊搭起來，把他護在中間。」我們照做。我們圍起來，保護一名原住民男子；我想我是背對著他。我們唱著勇士之歌，而我們的支持者與我們一起高歌。然後加拿大皇家騎警開始大力驅逐人們，一個接一個，直到我是最後一個。我丈夫稱我是「最後的勇士」。我的心臟怦怦跳。當我坐在那裡，等待著，人們拍照、攝影，向我亮出和平的標誌，說他們愛我。我等待著。一位看守聖火的原住民開始為我打鼓，於是這件難以置信的事發生了。我開始環顧四周的森林，那是我的家園，我看著陽光篩過樹葉，一片斑駁，而且當我注意著苔蘚和蕨類植物以及我周圍的所有美景，聞著正在腐爛、美好、壤土的氣味時，我仔細聆聽，卻聽不見任何鳥叫聲。在這座山上，那是很重要的事，你總是會聽見鳥叫聲，有許許多多的鳥兒，但是我聽不見任何的鳥叫聲。我心想：

如果金德·摩根來到這裡，這座山就再也聽不見鳥叫聲了，再也看不見熊了，郊狼也不會「夜間哇嗚哇」。所有現在山裡的這些美妙生物都會被消滅。

突然間，我感覺到一股能量在我周遭盤旋。剛開始像一陣微風，慢慢地強大起來。它是一個漩渦，直接穿過我的臀部，向上進入我的脊椎，環繞並穿過我的心臟。然後我可以感覺到一股類似的氣流在我的第三眼附近盤旋，下到我的頭腦，到我的心臟，向下進入大地。兩股能量漩渦結合，直到它們成為我靈魂中的雙股螺旋。就是那一刻，我了悟到我的人生不一樣了。大大不同了。某些人稱作「阿普」（apu）的山靈，用一種比言語更強烈的語言對我說話。我的工作是要保護地球和所有的水。在那一刻，我變成了一隻不同的「麻雀」（譯註：作者的名字Sparrow就是「麻雀」的意思）。這變成了我要保護的山脈。不是說我可以擁有它那樣，而是我可以疼惜和珍愛的山脈。我的心、我的雙眼、我的頭腦全被打開了，那一天是二〇一四年十一月二十日。

幾天以來，我一直告訴我的姊妹，如果有什麼東西「下來」，我會順流而行。我正準備著要做對的事。我終於準備好了。我一生都在努力到達這裡。

我是移民；我媽媽是移民。我媽媽的兩任丈夫都是原住民。因此，我在原住民的家庭中長大。我幼年時期的大部分記憶都是在冥想儀式、球賽、帕瓦（powwow，譯註：美洲原住民的一種盛宴和舞蹈儀式）、拜訪元老、學習克里族（Cree）相關事宜。我爸是個屬靈的人——至少他以前是；我已經很久沒有看見他了。他教導我們如何與「聖靈」同在，如何好好聆聽。他教導我們關於「造物主」的事（甚至告訴我們，「造物主」可能是女人）。爸教了我們許多東西。媽也沒有懈怠。

在爸教導我們傳統價值觀和靈性的同時，媽也在教導我們關於女神的事。媽媽從她能夠為自己思考的時候開始，就是女神崇拜者。老實說，那八成是從崇拜聖母馬利亞開始的，但是沒關係。在他們兩人之間，我與「聖靈」和「地球」有著密切的關係。

在那個時間、那個地方，並不是一瞬間做出的決定。它是一個多年來一直出現的決定。在那一刻，我也成為「保護者」，而且我為那天做出的決定感到自豪。我會繼續打倒這些只會傷害我們的母親和我們自己的毀滅性企畫案。

——史派蘿・肯普

＊＊＊＊

## 肯定地表明你的連結

並不是每一個人都會像史派蘿那麼幸運，可以擁有連結到地球的時刻。那是改變人生的一刻，對她產生了深遠的影響，而且賦予她特權，能夠準確地指出她醒覺到地球的力量的確切時刻。

在危急的時候，你真正相信什麼呢？地球是恆定的、可靠的、永恆的。就連沒有靈性或宗教傾向的人，也可以感覺到這點。要准許自己可以敞開接受地球發送的微妙訊息。好好注意季節固有的模式、動物的遷徙、天氣模式，然後挑戰自己採取相應的行動。

自從第一個人類在洞穴的牆壁上刮出圖像以來，我們就一直在標記和界定我們的神聖空間。我們建造了神聖的場所和神廟，創建了團體和機構，為的是讓我們齊聚一堂，尋求組織、記錄、分類我們的自然世界和我們的靈性體驗。由於許許多多的古代巫術和異教歷史，逐漸消失在時間的迷霧中，對於許多現代的修習者來說，收集和記錄這個運動的近代歷史，藉此確保這種情況不會再次發生，就變得極其重要，而且這是每一個人都可以參與的事。

## 撰寫你自己的故事

寫日誌是非常個人而私密的方法，可以確保你自己的故事不會遺失，而且你有一份文件可以回顧，詳細記錄你的靈性成長和沿途的反思。我有一堆筆記本，其中某些專門記錄例如食譜、草藥學之類的主題，以及我參加過的講座或工作坊的筆記，還有另一堆專門記錄我參與的巫術傳統培訓的特定部分。我的女巫集會也有一本日誌。我們為我們舉行的每一次聚會製作一個條目，詳細說明誰參加了、我們做了什麼、有效的魔法，以及相關的季節或月亮信息。當我們想要跟進某項魔法或想起誰參與過某個事件或課程時，這便派上用場。回顧和想起我們在任何特定時間的想法和行為可以是鼓舞人心的，何況有時候也是愉快的。

我們活在一個難以置信的時代，如此接近現代巫術運動的起源。我們擁有技術，能夠與很早期便參與其中的某些人們交流，或者至少那些人認識事情剛剛開始時身歷其境的人們。我們知道，新異教信仰（Neopaganism）在不到一百年前爆發成為主流，而這使得在積極地形塑我們的社群將要如何前進方面，我們每一個人都有角色可以扮演。儘管這些路徑是土系屬性的，但它們並不是雕刻在石頭裡。我們可以改寫它們，塑造它們，讓它們為我們服務且尊重過去的傳統。

# 2 神話中的土獸與土鄉

與土元素有關的神話生物，分成非常明確的類別：

1. 將自然景觀擬人化的存有
2. 居住在與土有關的地方（例如洞穴、岩石、山脈、或樹木）的存有
3. 執行某種本土服務（例如，保護某個地方或從事體力勞動）的存有
4. 形成或成為當地景觀的存有

- **藍帽子**（bluecap）：在英國民間傳說中，藍帽子是居住在礦山中的小仙子或靈。他

們化為藍色的火焰出現，警告礦工注意坍方。他們十分強壯，而且是非常努力的勞動者。但他們不是免費工作的；他們期望報酬，就跟其他礦工一樣。他們的工資必須在每一個發薪日留在礦井的角落。如果你試圖少給錢，他們會無視這番侮辱，把錢留在原地。如果你多付了，他們只會拿走他們應該賺到的金錢。在威爾斯，存在著相關的礦精，人稱「科布利瑙」（*coblynau*）。在康瓦耳（Cornwall），敲門人（knocker）警告坍方；在美國，他們化為「湯米敲門人」（tommyknockers）。

- **棕仙**（brownie）：這類小仙子原產於英國，是樂於助人的家庭生物，夜裡趁大家熟睡時出來做家事。除了一些美味的鮮奶油和幾口精美的食物外，他們不需要任何補償。這些供品防止他們變得淘氣頑皮，在房子周圍製造麻煩。
- **樹寧芙**（Dryad）：來自希臘神話，這些美麗的女性自然靈是棲息在樹木、樹叢、林地的次要女神寧芙。他們與哈瑪德律阿得斯（Hamadryads）有關，後者是針對樹木的寧芙，而且壽命只跟樹木一樣長。最初，樹寧芙是橡樹的指定寧芙，但是這個名字變成了林地精靈的統稱。還有其他類型的樹寧芙與特定的樹木相對應，例如白蠟樹的梅莉艾（*Meliai*）、月桂樹的黛芙妮（*Daphniae*）、榆樹的普特雷艾（*Pteleai*）。
- **小矮人**（dwarf）：在日耳曼和斯堪地那維亞的民間傳說中，小矮人是矮小、結實的工匠大師，居住在地底下和山裡。他們以長長的鬍子和乾癟的外表而聞名，時常被視為因為生活在地底下而被泥土和砂礫弄黑了。小矮人在用貴金屬和寶石鍛造和製作精美物品方面非常有天賦。雷神索爾（Thor）的強大錘子「妙爾尼爾」（Mjollnir），以及女神芙蕾亞（Freya）的美麗項鍊「布里希嘉曼」（Brisingamen），都是小矮人製作的。他們是部族生物，不同的群體擁有自己的國王、領地、領袖。他們建造了裝飾精美的大廳和隧道系統，以便居住和儲存他們的財寶。小矮人可以是喜怒無常的，很容易發怒，隨時準備好好打一架，但是很容易因為美食好酒就緩和下來。他們擁有神祕和魔法的知識、隱身的力量，以及蘊藏在大地本質中的深度智慧。

- **石像鬼**（gargoyle）：是裝飾著經典建築的石頭守衛，有兩種不同的用途：它們的身體形成從屋頂引導雨水的管道，它們令人生畏的外表可以擋住邪靈。巴黎聖母院以其可以追溯到中世紀的石像鬼收藏而聞名。石像鬼作為建築特色的用途，可以追溯到古埃及以及希臘和羅馬。已知最早的石像鬼實例是在土耳其境內，可以追溯到一萬三千年前。石像鬼最熟悉的形式融合了動物、怪獸、人類的特徵，創造出嚇人的混合體。不用作排水道的類似塑像，被簡單地稱作「石像怪」（grotesque），具有裝飾性且便於驅邪。

● **巨人**：具有超自然力量的巨大類人型生物的故事，出現在許多文化中。歌革（Gog）與瑪各（Magog）是神話中的巨人，被稱為倫敦市的傳統守護者。北歐傳說中提到一個巨人種族，叫做約頓（Jötunn），他們是最早活著的存有，住在約頓海姆（Jotunheim），這是一片茂密的森林、高山、冰、岩石構成的荒地。諸神正是從巨人尤彌爾（Ymir）的屍體中創造了世界。令人印象深刻的陸塊，有時候被視為被神化的巨人正在沉睡的身體或死去的屍體。在安大略省雷霆灣（Thunder Bay）附近發現的「沉睡的巨人」（The Sleeping Giant），據說是當地奧吉布瓦族（Ojibwa）的善靈「納納畢久」（Nanabijou）的身體。在因為貪婪和詭計揭露了銀礦的祕密位置之後，納納畢久躺在蘇必略湖的水域中，變成了石頭，為的是保護珍貴的銀礦免於白人移民的侵害。從岸邊，你可以清楚地看見一個巨人的輪廓，他仰面躺著，雙臂交叉在胸前。

● **地精**：這些居住在地球上的小小類人存有，是地球本身的化身。地精的大眾化形象出現在花園中，由塑料製成，戴著尖頂紅帽，咧嘴大笑。這是意指地精與大自然的密切連結，以及他們天生傾向於照料和保護地球的資源。十六世紀的煉金術士兼哲學家帕拉塞爾蘇斯（Paracelsus）介紹地精是土的元素精靈。地精有許多類型，可以在森林、花園、房屋裡、地底下找到他們。他們可以像魚在水中游泳一樣，輕易地穿越他們的界域裡的固體形態。

- **哥布林**（goblin）：這類存有看起來有點像地精，但是外表衣衫襤褸、比較可怕，而且他們往往有惡意且壞心腸，喜歡製造麻煩，針對人們惡作劇。他們可能會在半夜敲打牆壁或砸爛鍋碗瓢盆，把全家人都吵醒。不要將哥布林與巨型哥布林（hobgoblin）混為一談，巨型哥布林只是淘氣，不像哥布林那樣卑鄙惡劣。
- **魔像**（golem）：是來自猶太民間傳說的人物，它是黏土製成的人形，藉由寫在紙上且放進這個肖像嘴裡的魔咒賦予生命。然後魔像變成了賦予他們生命的人們或一群猶太人的保護者。
- **哈比人**：正如托爾金（J. R. R. Tolkien）描述的，在中土大陸（Middle-Earth）的世界中，哈比人是「體型嬌小的民族，身高大約是我們的一半，比留鬍子的小矮人還小。」他們居住在稱作「哈比人洞」（hobbit-hole）的地下房屋中，洞內備有家中所有的舒適設施——美食、上好葡萄酒和麥酒、大量菸草，以及所有最舒適的家居用品。他們偏愛守著家中的舒適，很少離開他們的夏爾（Shire）出去冒險，但是當他們真的那麼做的時候……
- **梅明凱能**（Menninkäinen）：是來自芬蘭民間傳說的森林存有。他們努力工作，喜歡猜謎語。梅明凱能很像愛爾蘭的矮妖「拉布列康」（leprechaun），因此如果你設法抓住一隻，他們會滿足你一個願望。在早期的民間傳說中，梅明凱能被視為死者的靈，而在現代的詮釋中，他們已經演化成被看作比較像地精或哥布林。

- **尼森小人**（nisse）：是斯堪地那維亞的本土靈，站起來不高於蹣跚學步的孩子，但是他們輕而易舉地就像成年大男人一樣強壯。他們是家庭守護者兼幫手，照顧房屋、農場、有關聯的家庭。尼森小人很有幽默感，喜歡惡作劇。但是，如果他們沒有被尊重，沒有用好吃、好喝的東西安撫，尤其是在耶誕節時，惡作劇可能會一發不可收拾。湯姆特（tomte）是尼森小人的瑞典親戚。
- **寧芙**（nymph）：在希臘神話中，寧芙是一類自然靈，包括山寧芙（Oread）、樹寧芙（樹木、樹叢、林地）、花寧芙（Meliae）、水寧芙（Naiad，淡水）、海寧芙（Nereids，大海）。她們看起來像可愛的年輕女性，性感而迷人，時常與神靈和凡人有染。寧芙的監護神是阿緹蜜絲（Artemis），她是掌管草木、野生動物、狩獵、分娩的女神。
- **奧索**（otso）：在芬蘭境內，奧索是熊的原型靈。直接談到熊是禁忌，因此改而採用許多綽號：森林之王、蜜爪、毛皮長袍森林之友等等。

- **大腳怪**：在加拿大和美國的西北部，一種直立行走的類人猿生物，生活在森林最深處的傳說世代相傳。這些故事起源於殖民前時期原住民的信仰。sasquatch（大腳怪）這個名字取自撒利希（Salish）語 *Sasq'ets*，意思是「野人」。這種生物又名「大腳」（Bigfoot），被認為在某方面與喜馬拉雅雪人（Himalayan yeti）有關（見下文）。
- **薩特**（satyr）：這些半獸、半人的生物來自希臘神話，是酒神戴奧尼修斯（Dionysus）的同伴。薩特有山羊或公羊的蹄子和犄角，以及人類男性的頭部和上半身，在藝術中被描繪成洋洋得意地展現勃起的陰莖，同時端著一杯葡萄酒或帶著某種樂器。他們在林地中漫步，享受著音樂、酒類飲料、寧芙的陪伴。在羅馬神話中，跟他們類似的人物叫做「法翁」（faun）。
- **雪人**（yeti）：是毛茸茸的大猿人，很像北美的大腳怪。據說他們生活在海拔很高的喜馬拉雅山脈中。他們是雪巴人（Sherpa）的故事中的民俗人物，雪巴人講述這些故事是為了警告人：喜馬拉雅山區到處存在著危險。

## 神話中的土鄉

在世界各地，失落大陸、永恆天堂、超自然家園的故事都是共同的主題。這些故事是否實際存在其實無關緊要，因為它們已經非常強大地出現在談論它們的文化的民間傳說和心靈之中。這些地方的故事就跟任何實際存在的地方一樣，教導和激勵著我們。以下列表舉出幾個這類地方的實例，以及它們代表的含義：

- **世界之軸**（Axis Mundi）：是世界的中心點，一切造物都圍繞著它旋轉。它是上界（upper world，靈的界域）、中間世界（middle world，我們的物質界域）、下界（lower world，死者和超自然力的界域）連結的地方。它們連結的方式可以採取人類建築的形式，例如神廟或紀念碑，也可以是自然地貌，例如山脈或樹木。北歐的生命之樹「世界之樹」（Yggdrasil）是世界之軸，它的根向下延伸進入大地，它的樹枝擴展進入天空，它的樹幹連結兩者。
- **安樂鄉**（Cockaigne）：神話中的「安樂鄉」是感官歡愉的天堂，在此，貪吃、怠惰、沉迷於奢華和舒適是最重要的事。性是自由的，河流中流淌著葡萄酒和蜂蜜。這種烏托邦式的幻想在中世紀風靡整個歐洲，而且這則故事的版本以多種語言被記錄下來。許多故事將「安樂鄉」描繪成農民和農奴的理想世界，也是完美的白日夢，可以擺脫日常生活的煩悶勞苦。

- **黃金城**：十六世紀的西班牙征服者，聽說南美洲某處有一座失落的黃金城，於是他們好幾次出發探險，為的是找到黃金城。最後英國冒險家跟隨而來，一個貪婪、征服、殖民的時代接踵而至。從來沒有找到傳說中的黃金城，但是El Dorado（譯註：西班牙語的「黃金」）這個名字仍然屹立不搖，成為寶藏之地和非凡財富的委婉說法。
- **伊甸園**（**Garden of Eden**）：這座《聖經》中的花園，在〈創世記〉（*Book of Genesis*）中被描述成亞當和夏娃生活的人間天堂，直到他們違抗上帝，被驅逐出去。伊甸園被收錄在世界三大宗教（猶太教、回教、基督教信仰）的創世故事之中。好幾個世紀以來，人們提出了許多關於伊甸園可能位在哪裡的理論。《聖經》中命名了流經伊甸園的四條河流，其中兩條是至今仍舊存在的底格里斯河和幼發拉底河；有些人認為，伊甸園可能消失在波斯灣的水域底下。第二種理論認為，伊甸園在大洪水期間永遠消失了，還有另一種想法認為，它可能根本不在地球上，而是存在於天堂的某個地方。
- **赫斯珀里得斯花園**：赫斯珀里得斯（Hesperides）是傍晚和日落的寧芙，她們照料著女神希拉（Hera）保存著她的金蘋果樹的赫斯珀里得斯花園（Garden of Hesperides）。希拉嫁給宙斯的時候，蓋亞送了這些樹作為結婚賀禮。吃一顆金蘋果就可以永生不死，而且人們認為，它們的顏色可以為日落帶來金色的光芒。

- **巴比倫的空中花園**（Hanging Gardens of Babylon）：在古代世界的七大奇蹟（Seven Wonders of the Ancient World）中，巴比倫的空中花園是唯一尚未被證實真實存在過的。傳說，國王尼布甲尼撒二世（King Nebuchadnezzar II）在大約西元前第六世紀的某個時間，建造了這些夢幻般的花園來裝飾巴比倫城。這些花園據說被種植在一座巨大的階梯狀磚造結構上。栽種物垂掛兩側，外觀看起來有懸掛之感。古典作家寫下的報導，描述精巧的灌溉系統以及將近五層樓高的結構。在巴比倫的沙漠氣候中，保持一座花園欣欣向榮確實是奇蹟。從來沒有人證實過空中花園的遺跡，因此這些作家和藝術家的描繪是唯一留下的證據，而且某些作品很可疑，因為創作時間是在據說空中花園存在的時間之後許久。
- **中間世界**：奠基於土的傳統的修習者，為了描述三個不同層次的現實，將會提到上界、中間世界、下界。運用例如冥想或旅行之類的技術，修習者可以「旅行」到這些地方，與生活在那裡的存在體（entity）們溝通並向他們學習。上界是神明的界域；

下界是死者和超自然存在體生活的地方。中間世界是我們生活的物質界域。在這個界域中，你可以旅行，與你在日常生活中可以看見的事物（舉例來說，植物、動物、地方、岩石、水）的靈交流。你可能會遇見剛去世的某人的靈，這靈尚未跨越到死後世界。以這種方式培養接觸中間世界的技能，使你可以獲得非常實用且奠基於土的能量，有利於解決問題、取得靈性支援、施展魔法。

- **中土**（Midgard）：北歐神話的九個世界之一，中土是我們生活其中的實際物質界域。它是眾神從巨人尤彌爾被殺死的身體中創造出來的。他們用他的肉創造了土地，用他的骨頭打造了山脈，而他的血液變成了水域。
- **提爾納諾**（Tír na nÓg）：在愛爾蘭的神話中，提爾納諾是西方之海中的土地，只有藉由魔法才能抵達。它被譽為青春永駐、和平、幸福、舒適的某種天堂和土地。這裡居住著神話中的達南神族（Tuatha dé Danann），他們是達奴女神（Goddess Danu）的子民，據說，他們是被在凱爾特人（Celt）之前來到愛爾蘭的米列西安人（Milesian）趕出愛爾蘭的。提爾納諾是一處異世界（otherworld），這意謂著，活著的人類可以造訪它，只要可以找到抵達那裡的方法。
- **雪伍德森林**（Sherwood Forest）：這個所在地有真實和神話的區別。真正的雪伍德森林位於英格蘭的諾丁罕郡（Nottinghamshire），占地三七五公頃，是一片以橡樹為主的森林，擁有一千多棵古老的橡樹，其中包括擁有千年歷史的「大橡樹」（Major Oak），據說這裡曾是傳說英雄羅賓漢和他的「風流男子」（Merry Men）樂隊的聚會場所。

- **永夏之地**（Summerland）：在某些威卡教和受威卡教影響的傳統中，永夏之地被視為死者的靈在轉世之前休息和更新的地方。顧名思義，這是一片夏日永存、自然純樸的土地。有些人認為它在大海的另一邊，在西方，也就是日落代表的地方。它不是天堂，也不是地獄，因為它既沒有正向也沒有負向的意含；永夏之地被視為中立的休息處。傳說的細節可能會因傳統而不同，何況有些威卡教信徒可能根本沒有把永夏之地納入他們的傳統。

****

## 家庭的守護

某些土地靈和神話生物原本就住在那片土地上，某些是其他國家的移民帶來的，成為超自然的移民。下述文章描述尊重本土和外來歸化的土地靈可能是什麼樣子。

奧斯汀・勞倫斯人稱「奧茲」（Auz）。他是渡鴉圓丘的管理人之一，這是一處為加拿大異教徒社群建立的農村露營地兼活動中心。他也是一位有包容性的日耳曼多神教領袖（Heathen goði）。奧茲為加拿大公共安全部（Public Safety Canada）工作，也是一名研究右翼極端主義和日耳曼新異教的博士生。

我父親的家庭來自盎格魯撒克遜移民，從清教徒登陸以來，他們就一直在北美。我母親的家人從丹麥移民到加拿大。長大後的我，經過社會化，成了世俗的人文主義者；我們的靈性是靠荒野獨木舟旅行體驗大自然，或是透過旅行地球遇見人類的奇妙多樣性。十幾歲的時候，我對宗教產生了興趣，因為我想知道：「我的世界觀缺少了什麼魅力？」成年後，我選定了「日耳曼多神教信仰」（Heathenry），尤其是「阿薩特魯」（Ásatrú），帶有一點額外的盎格魯撒克遜異教信仰的味道。回顧童年，我最「宗教的」

感覺是在耶魯節期間（Yuletide）體驗到的。我們的耶魯節（Yule）傳統在很大程度上借鑒了「世俗的」丹麥耶誕節傳統，實際上比較像是古文物的異教重建與民俗的日耳曼多神教倖存物相結合。耶魯節是一個緬懷祖先、饋贈、古老歌曲、日耳曼多神教的象徵、感恩、祝福、歡樂的時刻。

古代的日耳曼多神教徒（Germanic Heathen），對古代家族擁有的土地有一個法律概念，叫做土地「完全私有權」（odal，O.N. óðal；O.E. ēþel）。這片土地由名為「埃蒂爾」（ættir）的大家族共同擁有。人民與自己的土地連結是一份神聖的連繫，就連國王也無法打破。這份關係透過將死者埋葬在自己土地上、自己的土墩中的儀式得到確認。生者會在這些土墩前向自己的祖先獻祭，確保饋贈的循環會持續下去。在日耳曼多神教的神學中，關係型的饋贈是把人民與世界編織在一起的東西。正是透過獻祭，感激之情被表達了，於是祝福被求到了。這就是鍛造和平、豐饒、好運的方法。在我們的宗教中，祭品的饋贈既是一種隱喻，也是驅動力，驅動人類和自然世界的類似循環，包括季節的循環、大自然的循環。

幾個世紀以後，土墩裡的祖先就會被遺忘。有時候人們搬到新的國家，發現那裡已經有神祕的古老土墩。不管在哪一種情況下，居住在土墩裡的祖先演化成神祕的精靈（O.N. álfar）或魔法小矮人（O.N. dvergr）：一個超自然的物種，與人類同源，也是在時間開始時由眾神創造的，但是卻居住在陰曹地府，成為人類死者的鄰居。在第一波基督教透過妖魔化根除日耳曼多神教的痕跡之後，下一階段的統治是縮減的過程。剩下來未被完全壓制的異教儀式和信仰，被轉化成古怪的迷信。然而，在亞伯拉罕宗教系的一神論（Abrahamic monotheist）思想，似乎已經澈底殖民在日耳曼民族的心智中的同時，異教過往的元素仍舊殘留下來。人們仍然講述了心中老舊故事的版本，而且經常將祭品的饋贈留在戶外的古老儀式，也許不是獻給舊神，但是至少獻給剩下的小小「隱藏族」（O.N. huldufólk），他們現在挺身代表舊神，在同樣的那些地方。

「尼森小人」是一種丹麥的家居靈，最初是農莊的靈。有些人相信，nisse 這個字源自於古北歐單字 niðsi，意思是「親愛的小親戚」。在斯堪地那維亞半島的其他地區，為這個人物找到的同義詞，進一步釐清了這個靈取代了祖先的私有土墩靈的觀點；那些同義詞名稱可以翻譯成「家宅人」、「院子裡的人」、「農場守護者」、「土墩人」、「手推車農夫」等等。他們是爐床、附屬建築物（如釀造室和乳品室）、穀倉、田地、花園，以及所有依賴這些（無論是動物或人）的祕密守護者。

尼森小人往往被想像成高度及膝的老人，有絡腮鬍，身著羊毛束腰外衣，繫著粗腰帶，穿著馬褲，往往戴著一頂高高尖頂的紅帽子。他們像成年人一樣強壯，工作非常努力，而且非常堅持公平。如果你善待你的尼森小人，時常跟他們說話，不破壞他們常去的地方（例如他們的土墩），餵他們食用他們酷愛的粥、奶油、鮮奶油或其他東西，你的家庭就會有好運。然而，這不見得夠啊。如果你貪婪、虐待動物、消滅了你房地產上的所有野生植物或砍伐太多的樹木，或是不遵守善良和社會正義的原則對待你家裡的人或造訪你家的客人……好吧，你可能會發現你的啤酒或牛奶酸掉了，或是你的鑰匙或手機不見了，或是你的刀可能會一滑，害你嚴重切傷，或是沒有作用的煙霧警報器可能導致房子失火。這是怎麼發生的呢？哦，尼森小人是幻覺大師。他們可以變形成為黑貓或窮困的老年旅客。他們可以用幻相來迷惑人類，專精於使自己或物體暫時隱形。他們也不在意他們富教育意義的惡作劇，是否讓你學到了慘痛的教訓。

大約十年前，妻子和我購買了土地供加拿大的異教社群使用。就是在這裡舉行了加拿大最大的異教活動：萬花筒聚會，以及由樹籬女巫（hedge witch）、威卡教信徒、德魯伊教信徒、日耳曼多神教徒以及新異教信仰的每一個其他派別，所舉辦的許多其他活動。當我們第一次來到渡鴉圓丘時，我們在高聳的白松樹林底下的安靜森林區發現了一座小土墩。我立馬感覺好像這是適合尼森小人的地方。我拿了三塊石頭，創造了一座進入土堆的小小門道，使它看起來很像一座石隧墓（passage grave）。在烏漆墨黑中，在那座小洞穴裡，是冥界。我發現且創造了與那些大土墩相同的形式，也就是移居到此的古人認定的聖域，在那裡，他們會獻祭給「以前的那些人」，包括：淘氣小精靈（elf）、死者、艾希（*aes sidhe*，譯註：凱爾特神話中一個超自然種族的愛爾蘭名字）、小仙子（the fairy-folk）、扎格霍赫（*jogahoh*，譯註：美洲原住民易洛魁聯盟的小矮人）、北歐地鬼（*land-vættir*，譯註：北歐神話和日耳曼新異教的土地靈）、現代冰島地鬼（landwight，譯註：現代冰島語 land-vættir 的寫法）、阿瓦庫雷（*awwakkulé*，譯註：美洲原住民克羅語，用來稱呼蒙大拿州普賴爾山脈中的小人）、小人族（the little people）、卡諾蒂拉（*canotila*，譯註：在美洲原住民拉科塔族的神話中，canotila 是「小樹上的居民」，意指森林的仙女和精靈）、特羅族（the trows，譯註：惡作劇的仙女或精靈，這是英國蘇蘭格奧尼克群島和謝德蘭群島的民俗傳統稱呼）等等。因為，在我們的傳統中，這是當地的土地靈居住的地方。

我在門道兩側添加了兩尊看起來像尼森小人的地精小雕像。透過我第一次獻上的祭品：閃亮的銀幣、鮮奶油、蜂蜜，我與當地的尼森小人交流。因為這是第一次獻供，我說，我非常高興尼森小人與我都來到這個新的地方，我很開心他們可以將我引介給這個地區其他的隱藏族群，我很高興可以與他們建立關係。我為這些隱藏的新朋友留下了雪松、甜草、菸草、水牛鼠尾草（buffalo sage），因為這是我妻子的原住民祖先以及渥太華河谷（Ottawa Valley）第一民族（First Peoples 或 First Nations，譯註：數個加拿大境內民族的通稱）的祖先的習俗。我談到我們會如何盡最大能力表現出美德和善良，我們將會如何成為這片土地的好管家，以及我們希望尼森小人可以讓烏鴉圓丘的人們遠離意外或不幸。我談到我的祖先們的身體如何變成了塵土，然後成長成為我的家人的新生命，成長成為這片土地的植物、森林、動物。我談到我的同胞和尼森小人長久以來如何跋山涉水搬來這裡，但是我們兩者仍舊堅守著古老的方式。就跟尼森小人一樣，即使我們的傳統不再是最大的宗教，即使世俗真理掩蓋了那些奧祕，即使我們只有簡單的基礎設施，即使我們沒有強大的盾牌保護，我們的傳統還是有價值的。雖然被妖魔化了，雖然被縮減了，但是我們日耳曼多神教徒仍然在這裡。我們仍然知道，饋贈有其價值。

——奧斯汀・勞倫斯

****

## 土地是活的

在地球上，無論你走到哪裡，都可以找到關於奇幻生物和地方的神話與傳說。隨著人們在全球的新地方定居，祖先家鄉的傳說隨著人們遷徙，而且隨著新一代的誕生，當地存有和地方的故事也跟著轉換和改變。我個人喜歡認為，這些傳說植根於某個真理的核心，也就是，在過去的某個時間點，某個真實的存有或地方，啟發了某個特定文化的民間故事和信仰。

我也喜歡認為，從今以後的世代，我們的子孫將會講述著精彩的故事，包括傳說中的烏鴉圓丘，以及尼森小人和曾在附近宿營的喧鬧異教徒諸靈，就居住在烏鴉圓丘的土墩內。

# 3 土與神性

土元素被分別出來，有別於火、水、風等其他元素，因為它已經以一種普世的方式、全球化地被神化了，古往今來如此。就連在世俗世界中，也時常聽見用「地球母親」這個詞來描述我們的星球。

在所有「大地女神」（Earth Goddess）原型的神話和故事中，有創造、繁殖、出生、死亡、豐盛、毀滅的主題。在許多文化中，這位女神是大地，與某位天空男神搭檔。他們一起創造天堂、人世間、所有生命。

許多土系神明與對農業、狩獵、繁殖力的土系追求，有著千絲萬縷的鏈結。這些基本上人類關心的事需要是成功的，才能確保人們會發達興旺。在每一個早期的文化中，請求和安撫這些更高力量的方法，變成了季節性節慶和日常習俗的一部分。種子發芽、分娩、收成、找到獵物、飼養健康牲畜的奧祕，全都被認為是受到神性的影響，而且生命的所有這些面向，都被視為有忙著監督的主母神（matron deity）和主保神（patron deity），他們會決定什麼人以及什麼事物會繁榮昌盛。

為了耕種和狩獵的緣故，而設置的繁殖男神和女神是一回事，但談到人類的繁殖，卻是嚴重許多的事。在現代醫學興起之前，困難、危險、有時候甚至致命的分娩行為，迫切需要神性的保護。婦女經常因生孩子而死亡，而且新生兒的死亡率比現在高出許多。土系神明，例如斯拉夫民族的莫科什（Mokosh），是正在分娩的母親尋求的保護神。人們製作了獻給這些保護神的祈禱和供品，希望母子平安、孩子健康的出生、母親早日康復。

男神和女神也可以被鏈結到大地的某個特定部分，或是它的某個屬性。地區神明，例如大不列顛蓋爾語（Gaelic）地區的凱莉琪（Cailleach），據說即負責創造該地區的許多山脈和丘陵，也被連結到許多埋葬的墓塚和矗立的石碑。

我們的語言也指出，與土地建立家族關係的傾向。當我們談到我們稱之為「家」的地方時，我們用「母國」（motherland）和「父國」（fatherland）之類的字詞來表示我們對它的依戀。我們來自的國家或我們的祖先原本的國家，被稱作我們的「母親國家」

（mother country）。

◎

安琪拉・葛雷（Angela Gray）是威卡教女祭司、詩人、狂熱的大自然愛好者。她在「育空領地」（Yukon Territory）出生和長大，曾經住在加拿大各地的社區，與這片土地有著深厚的連結。

## 祈請凱莉琪

（輕輕地開始）

我呼喚風暴的使者
我呼喚承載冰霜者，那位藍臉的巫婆
呼喚在科立弗瑞肯（Coryvrekan，譯註：位於英國的海峽，是全球第二大漩渦）攪動大鍋的她我呼喚在夜間蒙著灰色面紗的步行者。
（音量愈來愈高）
我呼喚狂風中的咆哮聲：
擊石者啊！
騎狼者啊！
造山者啊！
呼喚揮動魚籃和鋤頭，
以及用雷聲形塑山丘的那隻手啊！
凱莉琪啊！
最年長的元老啊！
冬天的母親啊！
我用你古老的名字稱呼你
讓我可以向你致敬啊！

——安琪拉·葛雷

****

## 土系神明

- **雅拉**（Ala，奈及利亞）：與人類和動物的繁殖有關的大地女神。雅拉確保寶寶在母親的子宮內成長，而且照顧他們如同成熟的寶寶。作為冥界的統治者，她接收死者進入她自己的身體，也就是大地。
- **阿薩謝雅**（Asase Ya，西非）：與田野和土地的繁殖力有關的大地女神。她嫁給了天空男神恩亞美（Nyame），而且是策略家阿南西（Anansi）的母親。她的聖日是週四——地球被創造出來的那一天。
- **貝斯**（Bes，埃及）：家庭、分娩、生育的主保神，可能源自於努比亞（Nubia，譯註：埃及南部、蘇丹北部地區的古文明）。貝斯的雕像被描繪成矮矮、胖胖、有鬍子的侏儒，用來守護古埃及人的家庭免於不幸。
- **凱莉琪**（Cailleach，凱爾特）：在整個蘇格蘭、愛爾蘭、曼島（Isle of Man）被稱為造物主女神兼風暴的使者。據說她用自己圍裙裡的岩石創造了景觀。她的名字可以翻譯成「巫婆」、「老婦人」、「蒙著面紗的人」。與其他的凱爾特神明相較，她的傳說與英國地理位置的關係更為密切。

- **科爾努諾斯**（Cernunnos，凱爾特）：新異教運動中最受愛戴的男神之一，他是有犄角的男神，與動物、豐盛、大自然、荒野有關。關於這位神明，所知甚少，因為沒有關於他的歷史神話或故事。在凱爾特人居住過的歐洲地區，曾經發現過這位角神的圖像，其中最著名的圖像是，一個人物坐著，手上握著一圈金屬飾環和一條蛇，周圍野生動物環繞。這是在「岡德斯特爾普大鍋」（Gundestrup Cauldron）上發現的，而大鍋則是一只大型儀典用容器，一八九一年從丹麥的一處泥炭沼澤中挖掘出來的。
- **希栢利**（Cybele，希臘）：掌管大自然、洞穴、繁殖力、山脈的大地女神。被稱作「眾神之母」，時常被描繪成與豹在一起，據說她從小是孤兒，豹扶養她長大。在古羅馬，她的信徒們稱她為「偉大的母親」（Magna Mater），而她的狂熱羅馬男性追隨者被稱作「加利」（*Galli*，單數：Gallus），已知他們依據儀式自我閹割，穿上女性服飾，然後用音樂、舞蹈、飲酒、擊鼓帶領狂野的慶祝活動。
- **狄蜜特**（Demeter，希臘）：掌管繁殖力、生死循環、農業的女神。她是一心為孩子的母親，當她忙著搜尋被黑帝斯（Hades）綁架並帶到冥界的女兒波瑟芬妮

（Persephone）時，造成希臘的人民面臨飢荒。她與草木和莊稼有關聯，尤其是穀物。她的神聖動物是豬與蛇。

- **達奴**（Danu，凱爾特）：這位神祕的女神，是史前時期居住在愛爾蘭的古老部族「達南神族」（達奴的孩子們）的母親。關於達奴，記錄下來的傳說少之又少，但她被認為是大地女神，將所有的智慧、知識、豐盛、魔法、繁殖力賦予她的子孫和陸地。
- **黛安娜**（Diana，羅馬）：掌管狩獵、荒野、繁殖力、女性、巫術的女神。對黛安娜的常見描述，闡明她是美麗的、運動中的、攜帶著弓箭、在狩獵中的。她有野生動物陪伴，通常是雄鹿，而且是森林的守護者。隨著時間的推移，她也演化成為月亮女神。她是女巫們的女神雅拉迪亞（Aradia）的母親。
- **戴奧尼修斯**（Dionysus，希臘）：掌管葡萄酒、草木、狂喜的大自然男神。他的綽號是「葡萄藤之神」（God of the Vine），在古羅馬被稱作「巴克斯」（Bacchus）。他是由凡人母親塞墨勒（Semele）與天神宙斯懷孕所生，也是最後一位進入奧林帕斯山（Mount Olympus）的男神。他周遊各地，教導人類關於葡萄酒知識以及鼓舞人心的藝術、文學、盛大的狂歡儀式。
- **杜木茲**（Dumuzi，蘇美）：掌管莊稼、收穫、草木的男神。他被稱作「牧羊人」。杜木茲被鏈結到地球上成長的綠色事物的死亡和重生循環，他在冥界度過半年，創造出冬天，而半年在人世間給予夏天。

- **艾波娜**（Epona，凱爾特）：生育女神和母親女神形象，與馬有密切的關聯。在羅馬占領大不列顛期間，對她的敬拜被羅馬騎兵所採用，也被羅馬士兵們一路帶回到羅馬，在羅馬可以找到祭拜她的神龕。古代的雕塑時常描繪她騎在馬上，拿著一籃水果或一只聚寶盆。
- **蓋亞**（Gaia，希臘）：大地女神，也可以拼作Gaea。她是地球的所有造物和化身的母親。她從混沌（Chaos）中出現，生下了烏拉諾斯（Uranus），烏拉諾斯是天空的化身。在奧林帕斯十二神（Olympians）之前，他們一起賦予生命給統治宇宙的十二位泰坦神（Titan）。她也是其他幾名子女的母親，包括命運三女神（the three Fates）、百臂巨人們「赫卡同克瑞斯」（Hecatoncheires），以及為數眾多的桉樹寧芙「墨利阿德斯」（Meliades）、獨眼巨人們「賽克洛普斯」（cyclops）、巨人們。
- **蓋布**（Geb，埃及）：大地男神，又名克布（Keb）或賽布（Seb）。與他的妻子兼姊妹——天空女神努特（Nut）是夫妻，他是賽斯（Seth）、愛希絲（Isis）、歐西里斯（Osiris）的父親。他時常被描繪呈俯臥的姿勢，化身成地球，而努特拱起，在他上方。他的神聖動物是鵝，而且據說他下了一顆代表重生和更新的大蛋。他被認為創造了採掘自地球的寶石和珍貴礦物，也是掌管礦山和洞穴的男神。

- **赫絲提雅**（Hestia，希臘）：住家和爐床女神，也是奧林帕斯十二神之一。身為克洛諾斯（Cronus）和麗婭（Rhea）的女兒，她選擇保持處女之身，婉拒了阿波羅（Apollo）和波賽頓（Poseidon）的求婚。她掌管所有的家庭生活，而她的關鍵象徵是爐火。她優雅而謙虛、仁慈、有耐心；她教導我們家政管理和殷勤好客。與她相等的羅馬女神是維斯塔（Vesta）。

- **愛希絲**（Isis，埃及）：一位無所不包的大地、母性、生育女神。她被認為是所有女性的榜樣以及終極的母親形象。在藝術作品中，她往往被描繪成悉心照料著嬰兒荷魯斯（Horus，她與歐西里斯的孩子）。當歐西里斯去世時，正是愛希絲的眼淚造成尼羅河（Nile）泛濫，為尼羅河三角洲帶來肥沃的土壤。身為療癒師，她有能耐治癒病人，使死者起死回生。她從一個相對次要的神明，躍升成為埃及境內最受尊敬的神明之一。她的影響力愈來愈大，而且最後傳播到整個羅馬帝國及帝國以外的地方。對她的敬拜持續到今天。

- **伊邪那美**（Izanami，日本）：原始神道教（Shinto）的創世和冥界女神。她的名字可以翻譯成「發出邀請的女子」。她與丈夫男神伊邪那岐（Izanagi，「發出邀請的男子」）合作，創造了日本諸島嶼，而且生下了其他幾位神道教神明。在傳統藝術中，他們被描繪成一起站在天與地之間的橋梁上，用一根矛攪動海洋的海水。根據日本的創世神話，海水中的鹽結晶在鑲嵌了寶石的矛尖上，一旦落入海洋中，就形成了島嶼。

- **嬌德**（Jord，北歐）：大地女神，據說是女巨人，也是雷神索爾的母親。她的名字可以翻譯成「大地」。
- **梅莉姬**（Mielikki，芬蘭）：森林女神。以讚美她的美作為交換，獵人必會獲得獵物。
- **莫科什**（Mokosh，斯拉夫）：被尊為潮濕的母親大地的化身，而且嫁給了乾燥的天空之神佩龍（Perun）。她與生育和分娩以及紡紗和編織有關。已知她可以變成石頭。
- **娜瑟絲**（Nerthus，日耳曼）：被包括後來入侵大不列顛的盎格魯人在內的幾個部落所崇敬的大地女神。羅馬歷史學家塔西佗（Tacitus）在西元前一百年左右寫了一篇關於敬拜她的報導，他在這篇報導中聲稱，在波羅的海的一座島上，有一座供奉娜瑟絲的神廟。她的雕像會被蒙上面紗，放在由乳牛拉的推車上。推車會在社區周圍緩緩行駛，而且，當這事發生的時候，就會有慶祝活動，所有武器和敵意都會被擱置一旁。等她一回到她的神廟，奴隸們會在一座神聖的湖泊裡清洗那尊雕像和推車，然後奴隸們會被淹死，作為祭品。塔西佗認為她是「大地母親」（Terra Mater，譯註：拉丁文）。

- **帕查媽媽**（Pachamama，安第斯山脈）：秘魯、玻利維亞、阿根廷境內安第斯山脈的原住民，崇敬的至高無上的大地母親女神。身為造物主，她監督植物、動物、繁殖力、農業。當她不被尊重時，她也會毀壞，引發地震。

- **潘**（Pan，希臘）：狂野且壓抑不住情緒的半人半山羊男神，掌管大自然、牧草、羊群、原始森林、音樂。潘出生在阿卡迪亞（Arcadia，譯註：自古以來神話和詩歌裡歌頌的理想國），是男神赫密士（Hermes）與一位樹寧芙的兒子，他在荒野和偏僻的地方徘徊，吹著他的排笛，而且追逐寧芙，沉迷於傳說中的性慾裡。

- **頗哩提毗**（Prithvi，印度教）：大地女神，以身為「包容者」而聞名。她的名字在梵文是大地的意思。她嫁給了天空之神特尤斯（Dyaus），而且他們一起受到敬拜，成為其他眾神的父母。養育、母性、支持性，頗哩提毗的別名包括「哺育的母親」、「植物之母」、「萬物之源」。她的神聖動物是乳牛。

● **希芙**（Sif，北歐）：與小麥、繁殖、家庭有關的大地女神。雷神索爾的妻子，她以美麗、層疊的金色長髮而聞名，人們認為，那代表人們的小麥作物。她的長髮被騙子洛基（Loki）剪掉了，於是她的眼淚淹沒了大地，毀壞了莊稼。索爾強迫洛基想辦法歸還希芙的長髮。洛基拜訪了地精們，他們為希芙製作了一頂用金線編織的髮帽，這使得希芙能夠再一次幫助人們收割莊稼。

● **特魯斯**（Tellus，羅馬）：大地女神，也被稱為「大地母親」。她掌管豐饒、婚姻、生育。她後來與希臘的希栢利合併。

● **特拉爾特庫特利**（Tlaltechutli，阿茲特克）：一位可怕的大地女神，她的名字的意思是「給予和吞噬生命的那一位」，這是她因為需要血祭而獲得的名字。特拉爾特庫特利兼具女性與男性的特質，被認為是雙重性別，但是較常被描繪成女性形相。

● **烏邁**（Umay/Umai，突厥）：大地母親類型的生育和孩子女神。她照管分娩的行為，也是家庭的保護者。

● **韋萊斯**（Veles，斯拉夫）：大地男神，他也被稱作沃洛斯（Volos）和「森林之主」。他以熊的外形出現，但是有力量變身成其他動物的形相。他是野生動物的保護者，也是保衛森林的戰士。

● **希佩托特克**（Xipe Totec，阿茲特克）：農業繁殖力的男神。他的名字的意思是「剝了皮的我們的主」，意指舊草木的死亡和新草木的生長。

## 召喚神靈

為儀式或魔法作業召喚某個存在體通常有兩種方法：你祈請（invoke）他們，或是你喚起（evoke）他們。這些字詞往往可以交換使用，但是他們確實擁有不同的含義和非常不一樣的結果。這兩種做法都將神明顯化在我們的世界中，讓他們在地球上占有一席之地，也讓我們有機會以有形且親密、實質的方式與他們互動。

祈請某位存在體就是召喚他們，邀請他們直接進入你的身體，允許他們擁有你。喚起某個存在體就是召喚他們在場，但不是進入你的身體。兩種做法在許多異教和巫術傳統中都很常見，而且有助於理解每一個動作的機制。

可以被召喚的存在體包括神明、元素精靈、自然靈，乃至心愛的死者或祖先的靈。

在你嘗試喚起或祈請某個存在體之前，請搞清楚這麼做的目的。一些常見的原因可能包括：

- 一場虔誠的儀式，目的在向那個特定的存在體致敬
- 請求對方幫忙
- 讓神靈見證到你的儀式，並提供支持和／或指引
- 協助某種占卜
- 提供來自死者的信息

## 喚起的方式

對大多數的目的來說，喚起神明、元素或靈是最適當的方式。這需要一些思考和準備，但是卻不需要祈請某位存在體所需要的練習、訓練或風險。只是運用你說的話，你就可以成功喚起一位存在體，但是加入一些儀式活動（例如，點燃一根蠟燭和獻上供品）可能是非常有意義且有幫助的。點燃一些香也是很好的供品。無論存在體有沒有物質形相，他們都可以好好享受香氣。納入這些簡單的儀式活動，提供一種喚起的氛圍，而且隨著時間的推移，無數的修習者已經執行過這些儀式活動。它們同樣得到人類、神明、靈的普遍認可，認為是虔誠的行為。

舉例來說，喚起土元素的簡單靈修儀式，可以從點燃一根蠟燭開始。花些時間聚焦在蠟燭的火焰，然後深呼吸，將焦點轉移到雙腳底下的土地。允許你自己覺察到你的身體有何感覺，然後，當你準備就緒時，大聲說出一些話，藉此喚起土元素。你可以實驗看看我寫下的這段喚起文：

藉由石頭和土壤
岩石和根
我確實喚起土元素
豐饒而綠意，
堅實而持久
從你火熱的核心到你最寒冷的高峰，
現在在此加入我，當我慶祝你的豐盛時
我站在你的基礎上
我聆聽你的智慧
我看見你的美

我品嚐你的鹽
我聞著你的香味
現在在這裡接受我的讚美吧

在土元素被喚起之後，點燃香。讓煙霧飄散在整個空間，且讓自己沉浸其中。花點時間意識到土的臨在，注意它給你的感覺。在你的日誌中寫下你觀察到的，注意你身體的任何感官覺受、溫度變化或環境的改變。這些可能是非常不著痕跡的，但是值得記錄。隨著時間的推移，你可能會注意到某種模式，因此每次寫筆記將會幫助你發現對你有效的方法。

你需要有時間與這股能量同在一起，在這麼做之後，你應該陳述你的意圖，表示要釋放土元素以及結束這場靈修儀式：

土元素啊
感謝你體恤的豐盛恩賜
我因你的基礎而扎根接地

我因你的智慧而得到力量
我因你的美麗而著迷
我因你的鹽而平衡
我被你的香味迷住了
感謝你蒞臨這裡
再會

熄滅香，吹熄蠟燭。不要忘記在你的日誌中做筆記。

## 祈請存在體

祈請某位存在體並允許它占有某個人體是複雜許多的行動，需要更多的思考、斟酌、規劃。操練真正祈請的現代異教和巫術傳統，歷來將這個實務做法保留給經驗豐富的修習者和該特定傳統的專業靈修者。由於在網際網路上容易取得曾經受限的信息，以及書籍容易取得，更多有興趣的群眾有機會了解這些實務做法，而且他們在沒有經驗豐富的導師指導的情況下實驗。如果你選擇做實驗，最佳建議是慢慢來，設法確保有人與你一起工作，擔任助手，確保如果某事有難度，有人可以幫忙你。如果你還沒有準備好接受祈請，被存在體附身的經驗，可能會令人無所適從，甚至到令人害怕的地步。

可以在不同的層級，祈請存在體進入人類的身體中。可以是輕微的類似出神狀態的形式（在這種狀態下，身體完全覺知到存在體的臨在），直到全面欣喜若狂的占有，在這種狀態下，被占有的身體，對於附身期間發生的事完全沒有覺知或記憶。

當存在體進入人類的身體時，它可以享受我們世界的感官快樂。它可以用身體沉迷於食物和飲料，或是跳舞，實驗成為肉體的感覺。這是有位助手照看被附身身體的另一個好理由。在存在體實驗被附身者的身體期間，不見得會注意到它們可能會對凡人的身體造成實質的危害。太過靠近蠟燭火焰或樓梯，可能會導致被附身者的身體嚴重受傷。

所以，你該如何分辨真正的祈請與妄想症呢？有些症狀是被附身者的身體可以感覺到的，室內的其他觀察者也可以親眼見證。因此，擔任被附身的人有助手陪伴是明智的，助手可以觀察是否是祈請正在發生的徵象，同時注意被附身者表現出來的任何徵狀。重要的是，助手熟悉被附身者的正常行為，這樣才能精確地評估被附身者的狀態。助手應該要記下觀察到的事項，供日後參考。

如果祈請正在運作，被附身者可能會：

- 閉上眼睛。
- 身體放鬆。
- 感覺到壓力或身體不適。
- 體驗到模糊的視界或隧道視野。
- 失去時間的概念。
- 體驗到情緒爆發，例如，不當的憤怒或笑聲。
- 身體變得比平時更強壯、更敏捷。
- 體驗到失憶症。

助手可以觀察被附身者：

- 姿勢或言談舉止明顯改變。
- 皮膚的狀況改變，例如，潮紅、突然蒼白、出汗。

- 發聲模式的改變，例如，說另一種語言，有外國口音或口齒不清。
- 被附身者不再需要眼鏡／助聽器／手杖。
- 被附身者的眼睛可能無法同時聚焦。
- 面部特徵改變、不尋常的眼睛顫動或顏面抽搐。

如果這次祈請是輕度的，被附身者可能會感覺到被迫說出和做出某事，彷彿被一股外力催促。在這個層級，存在體的臨在，只是足以輕輕地引導和啟發被附身者。在這個層級，被附身者仍然由自己管理，但是可能會不著痕跡地與存在體輪流操控。

在下一個祈請層級，被附身者成為對存在體來說更為敞開的通道，但是仍保留操控權。這時候，被附身者可能會感覺到自己在說話，卻不知道這些話來自哪裡，或是擁有他們平時不會擁有的洞見。時間持續久了，被附身者將會更容易臣服於存在體。

在下一個更深入的層級接受祈請，被附身者現在可能會開始很快顯現出被占有的症狀。他們仍然可以操控自己，也覺知到自己是誰以及身在哪裡，但是時間可能會開始變得抽象。他們可能會開始表現出不尋常的身體行為，而且可能以不一樣的方式說話和行動。

最後，被附身者可能會經歷完全被占有。在這個層級，被附身者已經將自己的身體交給進入的存在體。現在這位存在體掌管且可以享受一具世俗的身體。這時候，助手的協助是最為必要的，助手的責任，是要確保被附身者以及儀式中其他參與者的安全。

在存在體已從被附身者身上釋放掉之後，將會需要一些後續照料。被附身者需要一些時間，才能重新調整自己，適應世俗世界，以及照顧某些基本的身體需求，這很正常。在我自己的女巫團的修習中，每當某人從被附身的狀態回來時，負責的女祭司或男祭司會看著被附身者的眼睛，直呼他們的姓名，而且詢問他們兩個問題：

1. 「〈在此填入被附身者的姓名〉，你完全在場嗎？」答案應該是明確的是。
2. 「你有任何理由欺騙我嗎？」答案應該是明確的否。

如果被附身者無法正確地回答這兩個問題，助手應該要直呼他們的名字，而且要求被附身者重複。助手也可以詢問其他基本問題，例如，今天星期幾，附身者知不知道自己在哪裡等等。被附身者可能是累了、餓了，需要去一趟洗手間。為被附身者準備好一些食物和不含酒精的東西，給他們食用。助手可以提出護送被附身者去洗手間，建議他們在臉上潑些水，或是以熟悉而舒適的方式動動自己的身體。

對某些人來說，祈請行不通。這可能會發生，因為需要更多的練習或訓練，因為分心或壓力導致無法保持適當的心態，或是因為修習者並不真誠地相信祈請是可能的。這個過程確實意謂著你心中相信，在某個層級，這些存在體是實際存在的，有本領確實地顯化出來且與我們溝通交流。花點時間反省你如何感知神明、元素、靈。祈請他們的臨在，對你來說該如何才是有意義的體驗呢？相信神明、靈或元素是否與你起共鳴？在你的日誌中好好記下這點。定期檢查這個問題，看看你的答案是否會隨著時間的推移、隨著你有更多的喚起和祈請存在體的經驗而改變。

有一次，親愛的友人請我在某大飯店型異教大會舉行的一場公共儀式中，擔任女神愛希絲的附身容器。由於儀式安排在傍晚，與某些其他精彩節目打對台，我們沒有預料到會有許多觀眾。我們原本希望至少會有二、三十名觀眾。令我們震驚和驚訝的是，居然至少有大約六十人在場。儀式是根據迪翁．福春（Dion Fortune）的神祕小說《海上女祭司》（*The Sea Priestess*）改編的。雖然是小說，但是這本書中有一些美麗的儀式主題和詩歌。我們的用意是向人們介紹作者的這部作品，解釋故事的背景，詮釋福春所寫的儀式，該如何在現實生活中發揮作用。進場的時候，我沒有預知到要「擔任」愛希絲的祈請，因為這是一場公共儀式，而我們在一起準備和排練的時間很有限。

儀式的第一部分按規劃進行。我們必須努力演出腳本，才能保持我們不偏離軌道，因為這場儀式包含大量長篇朗讀迪翁・福春的作品。然後我朋友讀了那篇對愛希絲的祈請。他朗讀得很讚。我記得就在這個時候，我感覺有點作嘔、頭暈眼花，而且有點陶醉。我做出了有意識的決定，要讓愛希絲進來，臣服於當下，讓她使用我的身體。

在儀式的下一部分，「愛希絲」應該要繞著圓圈走，在每一個人面前停下來，讓大家可以揭開她的面紗，仔細看著女神的臉孔。我記得被一位指派擔任我的助手的女祭司帶到圓圈邊緣。我記得看見第一對參與的學員，其中一位是我的女巫團的團員。然後事情變得非常模糊。我片片斷斷地記得一雙雙好奇、凝視的眼睛，以及不知道自己的雙腳在哪裡。我的女巫團同伴說，當我的姿勢和走路方式改變時，她知道我已經悄悄溜走了。

當愛希絲走完一圈後，我迅速回過神來。我知道我需要在儀式的下一階段全然臨在，而且我的確如此。那場儀式結束後，我去了飯店的酒吧，狼吞虎咽地吃掉一塊牛排，喝掉一大杯葡萄酒。當附身容器是容易飢腸轆轆的工作。那一夜，我睡得像木頭一樣，醒來時感覺神清氣爽。

## 獻上供品

當你召喚神明的時候，通常會獻上某些東西。當魔法運作成功時，這可能是對他們表示尊重、崇敬或感謝他們的恩賜。重要的是，好好做研究，確保你獻上的供品是適當的，而且神明會讚賞。對大部分的神明來說，都有一則描述他們和他們的冒險經歷的故事。在這些故事中，有關於那位神明偏好的線索，以及關於他們的個性的細節。神明也來自文化和地理區域，這些文化和地理區域，可能會影響你選擇什麼作為恰當的供品。

獻上食物或飲料的時候，獻上多少取決於你以及你認為什麼樣子是實際可行的。如果你正在敬神，那麼在你飲用之前，先將幾滴飲料倒在地上或碗裡敬神，這樣就夠了。如果你正在向那位神明祈求大恩或好處，倒出一整瓶的葡萄酒或擺出成人分量的食物，可能感覺起來更為恰當。認真地思考和研究一下你正在求助的神明，然後盡可能地做出適當的選擇。

- **食物**：如果有可能，挑選在神明的故事中提到的食物。如果你有花園，請挑選你照料過的成熟而美麗的水果和蔬菜，而且帶著意圖收割它們。請留心你選擇的食物的品質。如果不適合你吃，也就不適合神明。這不是清除冰箱裡的發霉剩菜的機會；這是為一次神聖的獻供做準備，所以你挑選的食物，應該要適合你最尊貴的客人。獻供的食物可以放在盤子或五角星形上，然後留在祭壇上。盤子可以帶到戶外，留在戶外讓神明拿取，神明通常化身成當地的野生動物，所以請確保獻上的食物，不會傷害或毒害可能取走食物的生物。舉例來說，黑巧克力似乎像是絕佳的點子，但是如果你把黑巧克力留在後院的一棵樹木底下，而你的狗發現了，黑巧克力可能會殺死你的狗喔！

● **酒**：啤酒、葡萄酒、蘋果酒、烈酒或蜂蜜酒，全都可以使用，而且某些神明可能有所偏好。戴奧尼修斯可能真的很欣賞一瓶美好的希臘葡萄酒，奧貢（Ogun）會喜愛某些上好的蘭姆酒，寧卡西（Ninkasi，譯註：古蘇美人的啤酒守護女神）會喜歡啤酒。開一瓶新鮮的碳酸飲料或葡萄酒，避免從酒櫃後方拿走了味或不新鮮的舊瓶子。像蘭姆酒或威士忌這類烈酒可以預先開好，因為它們可以保存得很好。請記住，如果喝起來對你來說不夠好，那為什麼要獻給神明呢？獻供時，酒可以直接倒在地上、倒在戶外的神龕上，或倒進河川或溪流中。如果你正在獻供給某位森林神明，就將酒倒在樹根上。要讓供品盡可能有意義。如果你的儀式在室內，你可以將酒倒入杯子或碗中，然後，可能的話將杯子或碗轉移到戶外，或是將酒倒入裝滿泥土的花盆內。

● **香**：在許多文化中，香的芳香煙霧是獻給神靈的經典供品。燒香被視為獻上祭品。香氣可以被供奉的神或靈體驗和享受到，也可以被提供香的修習者體驗和享受到。許多神明都有特別的香與他們相關，燃燒這樣的香有助於吸引他們關注你的工作。

● **獻出你的時間**：獻出自己的某樣東西，確實是一份奉獻和崇敬的禮物。在我們的現代世界中，時間很寶貴，有許許多多的慈善機構需要幫忙。研究一下你想要敬拜的神明的故事，想想他們代表什麼。自願花些時間幫忙某家流浪漢收容中心，以此向赫絲提雅致敬，或是為某個環保倡導團體工作，以此向蓋亞致敬，這些都是獻給這些神明的慷慨供品，也可以使你充實而豐富。

你也可以致力於發展一項實用的技能，以此向你的神明致敬，然後與你的社群分享那些技能，作為表達你的感謝的額外方法。愛希絲是與療癒有關的女神。以她的名義參加急救課程並成為經過認證的現場急救人員，將是一次恰當的致敬。然後，你可以在你的社群的活動中自願擔任急救人員。

## 向土系神明致敬——建造神龕

關於巫術和異教實務，大事之一是，我們都被賦予力量，能夠創造自己的神聖空間，稱頌神靈。這些可以是任何東西，從設置在桌子角落的小小祭壇，到在你家後院豎起立石。你如何做到這件事只受限於你的想像力……偶爾還受限於建築法規。

如果你跟我一樣，你八成會在散步回家時，口袋裡裝滿了你找到的有趣東西——閃亮的石頭、小塊的海玻璃、松毬，或者可能是一根羽毛或怪異、易折的小枝。我無法抗拒乾燥的種子莢，或是從鳥巢掉落下來的一片蛋殼。你用這些東西做什麼啊？你收集了這些物品，八成是因為它們以某種方式與你交談，而且把它們拾起來，拿著好好檢查，為你帶來一份驚奇或滿足感。所有這些發現的物品，都可以被納入你家中的土系神龕，用作靈修或魔法工作的焦點。

為了與土元素、土系神明和靈連結，在你的家中建造一座小型個人神龕是實用的方法，可以納入土元素的各個面向，那些對你和你的修行是有意義的。我在家裡的書桌上有一座土系神龕，它不過是一只綠色的小供盤，裝了半滿的醃製鹽。供盤的直徑只有十一公分，所以容量不大，而我時常更換裝飾它的物品。有時候這些物品是季節性的——

譬如，秋天時是來自我家後院的一顆橡實以及一顆深橙色的紅玉髓，或是耶魯節時是一顆松毬以及一塊拋光的綠色砂金石。在我寫到這段的時候，我的小書桌神龕住著一顆蛋形淡藍色螢石以及一尊地精小雕像（最初來自一盒紅玫瑰茶）。它們坐著的鹽床有額外的好處，可以在能量上淨化我的工作區周圍的空氣。我設法記住每一個月相（**moon phase**，譯註：一個月相三十六萬秒，大約等於四．一七天）至少處理一次鹽，用新鮮的鹽取代。如果需要特定的魔法，偶爾我可能會添加一小撮草本植物或幾滴精油。

最好使用防火材質製成的盤子，以防萬一你選擇將許願蠟燭增添到你的小神龕中。一個不貴的選項是那些陶土花盆墊盤。它們的外觀非常樸實，由黏土製成，很容易找到。

以下是自製防火盤的建議。

材料：

來自花盆的陶土墊盤（直徑十五至二十三公分的碟子效果很好）

足夠的土壤、沙子、或鹽，可以將墊盤填得半滿

一根許願蠟燭，呈土系顏色

對你來說代表大自然的圖像或小雕像
任何組合，可以包括石頭、水晶、鵝卵石、幾小塊漂亮的樹皮、小枝、松毬、種子，或任何其他材料天然且你發現對你說話的小物件

根據個人喜好組裝你的神龕。它應該如你希望的美麗或古怪。如果你使用對你來說代表大自然的紙質圖像，可以將它放在小框架裡，撐起來，放在你的墊盤後方，或是用膠布把圖像黏貼在牆上。如果你的小神龕包含蠟燭，請在蠟燭周圍留出足夠的空間，以免蠟燭燒掉你的其他物品。如果你與同伴動物共享你的家，請確保添加到神龕裡的任何東西不會毒害到牠們。寵物食用了鹽可能會罹患重病，所以，如果你無法把鹽盤放在寵物搆不到的地方，請使用沙子或泥土。

若要使用你的神龕，請每天花些時間放慢速度。點燃你的蠟燭，摒除雜念。你可以選擇囊括一段祈禱，向你感到最親近的大自然神明祈求，或是最適合你的可能是——花些時間安靜的靜心冥想，聚焦在你周遭的自然世界。

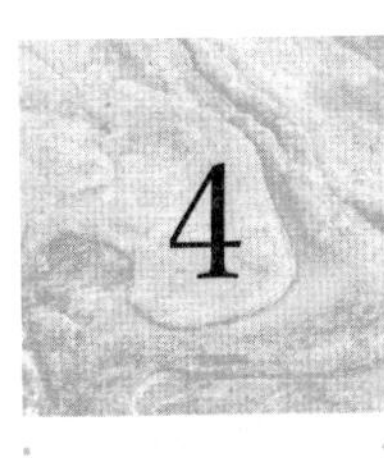

# 4 土之聖域

　　大部分追隨奠基於土元素的宗教或靈性修行的個人，可能都會同意，地球整體就是一個神聖的地方，而設法挑選特定的地點列出來是一項艱鉅的任務。舉例來說，單是列出愛爾蘭境內的神聖石圈就有一八七項。據估計，世界上幾乎每一個主要宗教都有一座與之有關的聖山。除了這些，還有無數的小樹林、石窟、山谷，以及其他土系地點，於是你可以真正體會到人類對崇敬聖域的重視。有鑑於此，本章將會著眼於具體體現土元素的地方類型，以及一些值得注意的實例。我們也將會探討一下某些特定的石頭如何成為朝聖和民間傳說的聖域。

　　宣稱一個地方是神聖的，在很大程度上取決於個人或文化以哪樣的眼光看待它。可能是因為這個地方擁有非凡的美，或是它與文化上意義重大的某樣東西鏈結，甚至可能是因為那片土地與生活在其上的人們之間的化學作用。有些聖域是自然而然發生的，而有些完全是由人類的雙手建造的，或至少是由人類的雙手美化的。

聯合國教科文組織（UNESCO），致力於保護和保存因文化或自然原因被指定為世界遺產保護區的地方。為了被指定為「世界遺產」（World Heritage Site），必須提出申請，證明該遺址在《世界文化暨自然遺產保護公約》（Convention Concerning the Protection of the World Cultural and Natural Heritages）之下，具有「傑出的普世價值」。可以就三個類別提出申請：文化、自然以及混合遺址（比較新的類別）。文化遺址勢必包含人造的結構、紀念碑、考古遺址，或是代表某樣東西，它對當前或歷史文化傳統或文明來說是不同凡響的。自然遺址勢必是一個擁有非凡美景、珍稀動植物的地方，或是地球上生命及其地質演化的重要實例。第三個類別可以是結合自然與文化的遺址。一旦一處遺址獲得這樣的指定，它就受到《日內瓦公約》（Geneva Convention）的保護，而且可以預期它的人氣必會提高，進而帶來觀光客。最重要的是，這個遺址可以獲得保存和保護它的資金。

地球上某些最出色、最美麗、最有靈性的地點，被納入聯合國教科文組織一千一百多個「世界遺產」的名單上：秘魯的馬丘比丘、印度的泰姬瑪哈陵、柬埔寨的吳哥窟、美國的弗德台地（Mesa Verde）、希臘的雅典衛城、埃及的吉薩金字塔只是幾處極其優美且具全球意義的保護區。

代表「皮馬基奧溫阿基」（Pimachiowin Aki，加拿大中部一大片原始的北方針葉林）的委員會提出的申請，挑戰了聯合國教科文組織對文化與景觀之間的連結的理解。皮馬基奧溫阿基可以翻譯成「賦予生命的土地」，它是四個第一民族社區的所在地。這些社區的安尼什納貝格人（Anishinaabeg）與這片土地的祖傳連結，可以回溯到至少七千年前。這包括有著深厚文化傳統的管理職責，奠基於敬重造物主的恩賜、尊重所有生命，以及與他人和諧相處。在申請的時候，教科文組織並未考慮到文化與大自然之間這類相互連結的關係的細微差別。這份申請主張，從居住在那裡的安尼什納貝格人的世界觀來看，這兩者之間並沒有分別，而且土地與人民是一體的。這種獨特的情況，迫使聯合國教科文組織重新評估組織的標準，而且加深組織對原住民與他們視為神聖的土地之間的連結之理解。皮馬基奧溫阿基終於在二〇一八年被授予世界遺產的地位，成為北美洲最大的「混合型」文化和自然遺址。

## 土系聖域的類型

在你覺得需要重新連結土元素的時刻，參觀某處聖地，可以提供亟需的機會讓自己扎根接地，為你的電池重新充電。在森林裡散步，坐在樹下，只是呼吸森林裡的空氣，都可以舒緩吵鬧的神經，而漫步穿過花園，停下來聞一聞玫瑰花香，可以為你帶來需要的視角，度過緊張的一天。這些可能聽起來像老生常談或過分簡化的解決方案，但它們確實有效。土系魔法不需要複雜就可以有效。

- **洞穴**：這些土系房間可以是自然形成的，也可以是人類創造的。對許多將地球母親視為神聖的文化來說，洞穴往往常被視為子宮，用作出生、遮蔽、保護、更新的地方。因為洞穴也可能是危險的地方，容易發生山崩、缺氧、暗無天日，它也可以被視為連結到死亡與冥界的地方。世界各地都發現了洞穴在宗教和文化中的重要性。克里特島（Crete）上的「迪克泰安洞穴」（Dikteon Cave），據說是麗婭女神生下天神宙斯的地方。貝里斯（Belize，譯註：前身為英屬宏都拉斯，乃中美洲東海岸的一個獨立國家，北臨墨西哥）的「水晶之墓洞窟」（Actun Tunichil Muknal），需經由一趟地下世界之旅（包括步行、涉水乃至游泳）才能抵達。古代的馬雅人將這座神聖的洞窟用作活人犧牲儀式的地點。印度的象島石窟（Elephanta Caves）是聯合國教科文組織列表的世界遺產，特點是獻給印度教濕婆神（Shiva）的岩石藝術。這些人造洞穴建於西元第五和第六世紀。

- **峽谷：**這些土系特徵是深而窄的V形谷地，因為河川的運動、侵蝕、風化或地殼構造活動切入岩石。陡峭的谷壁揭露出地球歷史的各個層次，因為峽谷的形狀透過它周圍的岩層，提供了大自然的橫切面，可以觸及史前生命的化石和證據。較小的峽谷稱作**gorge**。美國亞利桑那州的羚羊峽谷（Antelope Canyon），位於納瓦霍民族雷奇分會（the LeChee Chapter of the Navajo Nation）的土地上；被認為是一處深度靈性和神聖的地方。它被視為象徵大自然母親的恩賜，是一個值得參觀的所在，可以欣賞到時間的流逝，且因為比自我更偉大的事物而感到謙卑。在澳大利亞南部的弗林德斯山脈國家公園（Flinders Ranges National Park）內有神聖峽谷（Sacred Canyon），四萬年前，艾德尼亞瑪桑哈人（Adnyamathanha）用「尤拉瑪爾卡」（*Yura Marlka*，一種繪畫、雕刻、素描的藝術形式）裝飾了神聖峽谷的谷壁。
- **神聖的森林和樹叢：**只要人類在地球上，森林和樹叢便與魔法、靈性、宗教、迷信有關。某些這樣的地方被特別指定是神聖的，而且有必須遵守的法規或禁忌，才能恰當地尊重那個地方和居住在那裡的存在體。不可以隨便進出；可能禁止狩獵或採集食物或木材。但是，在某些地方，可以拿取特定的資源，例如藥用植物或掉落的果實。某些被認為是神聖的，因為它們被認為是靈、鬼、神明或超自然生物的家園。森林若被官方指定是神聖的，一大好處是，它可以保持完整，不受伐木業的影響。這允許原始的本土森林物種得以延續下去，可以保存當地的生物多樣性。印度是一個有著維護神聖森林和樹林的深厚傳統的國家，他們擁有十萬片以上的神聖森林和樹林，規模大小不一。這些神聖森林和樹林被好好維護，提供侵蝕防治和保護水質，以及基於宗教目的和作為埋葬死者的聖地。稀有和瀕臨滅絕的動植物，在印度的神聖林地裡避難，牠（它）們也在世界各地其他的這類指定地區避難。在中國，好幾個世紀以來，農村地區的人們一直在保護和維持「風水林」。儘管不斷、無情的強求將土地變更作農業和工業用地，但是為了創造與土地的和諧，以及促進「氣」在社區內外的流動，這些地方還是被保存了下來。

- **花園**：對於凡是照料過花園的人來說，無論是花園、菜圃還是立意良好但不平整且雜草叢生的小塊土地，毫無疑問的，弄髒雙手且聞到乾淨泥土的氣味，是一種令人深度滿意且靈性的做法。你自己種植的食材味道更好，看著你種下的種子長成美麗的植物，那是非常令人滿意的。花些時間讓花園美麗起來擁有療癒和減輕壓力的力量，而且因為體認到這點，許多醫院和健康照護機構，都正在投資創建療癒花園，幫助患者康復，遠離疾病。花園有力量將人們聚集在一起，教導關於文化的信息。加拿大境內的多倫多大學建立了一座原住民藥用植物園，為原住民和非原住民提供一處學習傳統儀典和醫藥的聚集地。某些花園創建在早已存在的聖地上，為的是增強花園與生俱來的品質，而且為朝聖者提供一處靜心和反思的地方。英國境內格拉斯頓柏立（Glastonbury）的聖杯井花園（The Chalice Well Gardens），坐落在溫和的聖杯山（Chalice Hill）與標誌性的蓋世聖丘（Glastonbury Tor）之間的山谷中。花園內規劃不同的區域，溫和地提供不同的主題，主要藉由植物的選擇和每一個空間的視野，來突顯強調。聖杯井花園的焦點是紅泉（Red Spring），富含鐵質的水源源不斷地從大地冒出來，速度和溫度始終如一，流經一系列可以不同方式體驗到的水池。這水嚐起來富有泥土和金屬味，而且因為鐵含量高，不管流經哪裡，都留下一層鏽紅的銅綠。

- **雷伊線**（Ley Line）：這些是土系能量線，縱橫交錯整個星球。描述雷伊線的理論是阿弗瑞德．沃特金斯（Alfred Watkins）於一九二一年提出的，當時他注意到他正在勘查的鄉村有一種明顯的模式。他領悟到，這片土地上著名的古代名勝全都一字排開，跨越山頂，相距遙遠，有筆直的軌道連結它們。沃特金斯的理論，描述早在新石器時代的人們，如何使用基本的測量方法繪製這些能量線，這些能量線通常有一處看起來獨特的山頂，作為最起碼的終點之一。標記沿著這些軌道放置，為的是幫助旅客導航。沃特金斯發現的標記是樹木、椎形石堆（典型的高地設置）、標石（**mark stone**，設置在低地環境中）、池塘、溝渠或水池、實際的道路或土丘。某些這類標記似乎啟發了社群圍繞它們成長，或以它們為基礎建造了實際的道路。有理論支持教堂就存在雷伊線上：教堂是建在基督教之前的聖地上，而這些聖地正是雷伊線軌道系統的一部分。雷伊線上這些意義重大的點，被認為是土系能量比較集中的地方，可以用作靈性或神祕目的。沿著雷伊線的層層發展指出，有一套雷伊線的運作知識和傳統，許多世紀以來，它們隨著時間的推移成長和發展，後來被慢慢地遺忘了。在現代，許多原本曾是軌道所在的地方都被挖掘、鋪設、開發，讓路給我們現在的文明，只留下斷片讓我們可以設法理解。針對雷伊線的最廣泛研究一直在英國境內進行著，但是在世界各地發現的雷伊線並不像英國那麼廣。

- **山脈和丘陵**：爬山可以抵達開悟或更接近神明的概念是跨文化的。景觀上一座山脈或丘陵的輪廓，創造出一個圖標，讓周圍的社群聲稱，這是他們的文化身分的一部分。在毛利文化中，山脈被視為祖先，而且山脈擁有「瑪納」（Mana，靈性力量）。爬上一座山且站在峰頂被視為一種侮辱，那就好像你正站在敬愛的祖先的頭上。

希臘境內最高山奧林帕斯山的山頂上，是希臘萬神殿中十二位主神的家園。最陡峭的山峰斯特法尼（Stefani）據說是宙斯的寶座，而最高峰米提卡斯（Mytikas）是奧林帕斯眾神聚集的地點。埃及境內的西奈山（Mount Sinai）被猶太、回教、基督教信仰視為聖山，因為人們相信，摩西（Moses）就是在這裡接受了上帝的十誡（Ten Commandments）。

黑山（Black Hill）是美國境內的一小段山脈，從南達科他州（South Dakota）穿越進入懷俄明州和蒙大拿州。這是拉科塔蘇族（Lakota Sioux）的傳統領地，而且是神聖的。黑山被稱作「帕哈薩帕」（Paha Sapa），意思是「存在的萬物之心」。原住民與白人移民之間的協定於一八五一年達成，一八六八年再次達成，但是兩次協定都破裂了。一八六八年的協定在發現黃金之後分崩離析，因此產生的淘金熱，帶來了礦工以及更多的移民和戰爭。土地爭奪戰在法庭上持續著，倖存的拉科塔蘇族人拒絕出售土地，拒絕收錢。美國總統山（Mount Rushmore）是一座紀念碑，慶祝歐洲移民占據了蘇族人尚未割讓的土地，如此額外的侮辱矗立著，成了值得懷疑的紀念物，對許多人來說，它代表白人的優勢以及和解的需求。

- **石油石**：在北美洲，原住民使用各種大小的岩石和大圓石，在地面上製作鑲嵌細工或圖像，通常是在平坦、開闊的地區。這些石頭被放置在土地上，不是相互堆疊，這使得它們很容易被自然力、動物或粗心的人類移開。因為它們被平放在地表上，沒有能暴露實際情況的土壤或沉積物覆蓋，所以很難確定圖像的年代。這些創作的初衷目前尚不清楚，但是今天留下的石油石被認為是非常神聖的，而且有些至今仍然被用作儀典、療癒、教導、聚會的地方。位於加拿大曼尼托巴省（Manitoba）白殼省立公園（Whiteshell Provincial Park）內的班諾克岬石油石（Bannock Point Petroforms），就是一個顯著的實例。這些石頭以人類、海龜、蛇、幾何圖案、雷鳥的形狀排列。它們被認為是史前時代的，但是確切的年代、用途、是誰將它們放置在廣闊、光滑的岩石地面上，至今仍是個謎。
- **巨石文化**：迄今為止，一些最具標誌性且世界知名的土之聖域，都涉及某種巨石文化（megalith）。這些只不過是大石頭，要麼單獨設置，或與其他石頭一起，設置在實際或儀典用途的景觀中。全世界有數以萬計的巨石，但是最大的巨石集中地在英國、愛爾蘭、法國、不列塔尼。它們最常在新石器時代被豎立起來，當時人類剛定居下來、建立永久的社區、發展農業。有幾個詞語可以描述不同類型的巨石文化：

○**椎形石堆**（**cairn**）是人造石堆，用來標記重要的地點，例如小徑或墓地，或用於儀式目的。

○**立石**（**menhir**）是高大、垂直的站立石頭。它們是由人類形塑的，可以單獨或成群出現。已知最大的立石遺跡，可以在法國的洛克馬里亞克（**Locmariaquer**）找到。它在西元前四千七百年左右被豎立起來，曾經的站立高度超過二十公尺，重二八〇公噸。目前尚不清楚這塊巨石到底是如何或為什麼被吊起放置到位的。它在被立起來幾百年後倒塌且折斷了，最好的猜測是地震造成的。

○**石棚墓**（**dolmen**）是一種石頭建築，包含至少兩塊直立的石頭支撐著一塊水平的石頭，形成像桌子一樣的結構。某些石棚墓會被土壤和草皮覆蓋，形成土丘，有些則被用作墓室。歐洲境內最大的石棚墓，是坐落在愛爾蘭境內卡洛（**Carlow**）郊外的布朗希爾石棚墓（**Brownshill Dolmen**）。它建於西元前四千年左右，水平頂石重一五〇公噸。在沒有現代機械裝置的情況下移動像這樣一塊石頭，所需要的努力和工程是十分驚人的。

建造這些巨石陣的原因五花八門，許多原因都在時間的迷霧中消失了。某些石圈與太陽或月亮的運動對齊，似乎是天文台或曆書。根據報導，立石最初是用作紀念碑或界標。

各種類型的巨石文化探究起來是令人著迷的。巨石的年代和大小，以及它們如何與為什麼被放置的祕密，引人遐想且令人驚歎。運輸然後豎立起如此重量和大小的紀念碑的難度之大，且僅靠人類和動物的肌肉來完成這項工作，可以證明巨石必定曾經是非常重要的。

最知名的巨石文化的頭銜，可以輕易地頒給巨石陣。這座古老的石碑位於英格蘭威爾特郡（Wiltshire）的索爾茲伯里平原（Salisbury Plain），歷經至少一千五百年的時間分幾個階段建造完成。誰建造了巨石陣以及為什麼建造至今仍然是個謎，重要的是，要感謝它自從最初創建以來，一直是形形色色人民的聖地，直到今天仍舊如此。

- **陸地黃道帶**（terrestrial zodiacs）：也稱作景觀黃道帶（landscape zodiacs），它們被認為是人造的，可能是古老的、巨大比例的天空地圖。它們是結合景觀中的自然和人造特色（例如道路、水道、山丘、土木工程），創造出上方星星的映像。最知名的陸地黃道帶，可以在英國薩默塞特郡（Somerset）格拉斯頓柏立鎮及其周邊的鄉村找到。它被稱作「格拉斯頓柏立的星辰神殿」（Glastonbury's Temple of the Stars），這是作家凱瑟琳．馬爾特伍德（Katherine Maltwood）起的名字，它在整個景觀中形成了一個直徑十六公里的圓圈。整個一九三〇年代，馬爾特伍德是專門談論這個黃道帶的多產作家，她提出，這些形狀最初是在史前時代創造的，充分利用自然景觀再加上一些人類的裝飾。這些理論並沒有被廣泛接受或信以為真，因為包含在這個黃道帶中的某些特徵太過現代。事實是，人們相信所謂陸地黃道帶的存在是鼓舞人心且發人深省的，而且它為靈性成長和連結提供真正的機會。現在有人認為，英國境內有六十多處陸地黃道帶。

- **墳塚**（tumulus，複數 tumuli）：有時候也稱作古墳（barrow）或庫爾干（kurgan）。這些是覆蓋一或多座墳墓的土堆和石堆；它們遍布世界各地，通常可以追溯到古代的歷史。墳塚的風格會因文化而不同。愛爾蘭米斯郡（County Meath）的紐格蘭奇（Newgrange）墓塚，是五千兩百年前建造的一座墳墓，但是它也具有重要的占星、宗教、儀式功能。紐格蘭奇墓是一座大而堅實、直徑八十五公尺的歷史遺跡。通往墓塚內部的通道，方位與冬至時升起的太陽對齊，視為代表對那些死去的人們承諾新的生命。

## 意義重大的石頭

自史前時代以來，石頭對人類便具有宗教、儀式、魔法、靈性的意義。對石頭的迷戀跨越了文化、宗教、時間。在人類的DNA深處有東西被石頭所吸引，於是創造出與它們連結的需求，將它們用作我們認為神聖的事物的象徵。或許我們可以感覺到它們與某些家園的痕跡，或我們渴望返回到或時刻在心的某個地方產生共鳴。在某些情況下，這塊石頭是神聖的，因為它曾經與某位受人尊敬的人物接觸過，或是被認為具有超自然的力量。

● **麥加的黑石**（**Black Stone**，*Hajar al-Aswad*）：是神聖的伊斯蘭石頭，有許多起源故事，包括亞當被逐出伊甸園時，黑石被送給亞當，目的在吸收他的罪孽，而且這塊石頭最初來自天堂。至今仍舊不知道麥加黑石是哪一種石頭，但謠傳它是一塊隕石，這可以解釋關於它從天而降的傳說。這塊石頭有著豐富多彩的歷史，曾經是盜竊的目標，而且因戰爭而毀損。結果，黑石分裂成幾塊，被一個銀色框架固定在一起。它被收藏在「卡巴天房」（Ka'bah）的東牆內，卡巴天房這座聖殿是麥加大清真寺的一部分，來自世界各地的朝聖者在這裡參加朝覲儀式。預計每一位回教徒一生中至少會參加一次這個儀式，他們繞著卡巴天房逆時針走七圈，而且嘗試親吻黑石，因為人們相信，先知穆罕默德也親吻了它。因為每年兩百多萬名回教徒到訪，麥加的黑石八成是歷史上最受崇敬的石頭。

- **巧言石**：傳說中的巧言石（Blarney Stone），於一四四六年被安置在愛爾蘭科克郡（county Cork）布拉尼城堡（Blarney Castle）的一座塔樓中，而且有幾個未必準確的起源故事。巧言石是由石炭紀石灰岩（carboniferous limestone）構成，而且據說，凡是親吻它的人都會被賦予流利口才的恩賜。一位結果證明是女巫的老婦人，向芒斯特（Munster）的國王透露了這股力量，作為感謝國王拯救她免於溺水。每年有幾萬人造訪，登上塔樓，親吻石頭。
- **因努伊特石堆**（Inuksuit）：這個字的單數是 *inuksuk*，可以翻譯成「依據一個人的能耐行事」。這些石頭建築是由北極的因努特人（Inuit）建造的，用作導航設施、標出不錯的狩獵場、傳達個人的訊息、警告旅人潛在的危險或紀念死者。對沒有經過訓練的眼睛來說，許多因努伊特石堆似乎是石塊和大圓石彼此堆疊，有時候朝某個特定方向傾斜，或是堆疊成中間有個「窗口」。對因努馬里特人（*Inummariit*，意思是「知道如何以傳統方式在這片土地上生活的人們」）來說，這些是值得一讀的路標，承載著極其重要的資訊。因努伊特石堆也是基於靈性目的豎立的。有些標明靈性邊界或區域，需要遠離，不可打擾，有些則是神聖的地方，可以留下供品以及請求療癒或保護。

- **復活節島的摩艾石像**：復活節島的原住民名稱是「拉帕努伊」（Rapa Nui），位於智利以西三五四〇公里的太平洋中。摩艾石像是巨大的石像，站立高度達十公尺，重達八十六公噸。有人認為，復活節島上有多達一千尊石像。它們是由叫做「凝灰岩」（*tuff*）的火山石雕刻而成的，凝灰岩夠軟，可以用石製工具雕刻。目前還不知道拉帕努伊人何時創造了它們，但是它們似乎在西元前四百年至一千五百年間就已經分三個階段創建了。製作這些巨型雕像，為的是代表島上死去的領袖和重要人物。一旦創建好，它們就被「挪動」到「阿胡」（*ahu*），用繩索或原木調動。「阿胡」是一座大平台，有時候包含一間墓室，而摩艾石像會被置於頂部，凝視著內陸。島民們如何移動這些巨人目前仍有爭議，但是根據當地傳說，摩艾石像會自己走到它們的安息地。
- **翁法洛斯石**：Omphalos（翁法洛斯）是一個古希臘字，意思是「肚臍」。在希臘神話中，不只一處提到這種石頭，而且世界各地都有許多翁法洛斯的實例，但最著名的是在德爾菲神諭神廟遺址中發現的翁法洛斯石。據傳說，宙斯讓兩隻老鷹從相反的方向飛走，命令牠們在世界的中心相遇。老鷹們在德爾菲再次相遇，於是為了標記這個地點，宙斯放下了一枚圓形且略尖的白色大石頭，上有銘刻，表示這是「世界的肚臍」。在亞美尼亞（Armenia）錫西安（Sisian）鎮附近發現了一塊稱作「波特卡爾」（Portakar，意思是肚臍石）的翁法洛斯石。人們相信，想要懷孕的女性躺在那塊石頭上且用腹部貼著石頭，就可以增加生育力。

- **羅塞塔石碑**（Rosetta Stone）：是令人印象深刻的黑色「花崗閃長岩」（granodiorite），重七六〇公斤，曾經是一塊更大石板的一部分。寫在上面的是托勒密（Ptolemy）國王的一道政令，它的歷史可以追溯到西元前一九六年左右。刻在羅塞塔石碑上的訊息之所以有意義，不是因為它的內容，而是因為它是用三種語言雕刻的：古希臘文、世俗體（Demotic，埃及人民的日常語言）、埃及象形文字。發現羅塞塔石碑的時候，沒有人知道如何閱讀埃及象形文字，因為它已經成了死亡的語言。石碑上包含古希臘文，意謂著上頭的象形文字可以被翻譯和理解。羅塞塔石碑變成了解開古埃及符號之謎的鑰匙。一七九九年，拿破崙軍隊中的法國士兵在埃及拉希德（Rashid）鎮附近挖地基建堡壘的時候，羅塞塔石碑再次與世人相見。拿破崙戰敗後，這塊石碑被移交給英國人，英國人將它運回英格蘭，現在它在大英博物館永久展出，是大英博物館全部館藏中最著名的作品之一。

- **司康之石**（Stone of Scone）：是一塊一五二公斤的沙岩，人們認為，它曾經旅行過埃及、西班牙、西西里島，然後在西元前七百年左右成功抵達愛爾蘭。那時它坐落在塔拉山（Hill of Tara）上，用於愛爾蘭國王們的加冕典禮，直到後來被凱爾特的蘇格蘭人奪得，凱爾特的蘇格蘭人稱它是「會說話的石頭」（Lia Fail）。它被搬運到蘇格蘭，最後擱在司康鎮（Scone），在那裡，用於蘇格蘭國王們的加冕典禮。一二九六年，它再次被人奪得，這次是英格蘭的愛德華一世（Edward I），他將司康之石帶到倫敦的西敏寺。這塊石頭直到今天還一直被使用，當作寶座，從那時候起，大部分的英格蘭統治者都曾在這塊石頭上加冕。一九五〇年耶誕節當天，它是四名蘇格蘭學生陰謀的目標，他們偷走了司康之石，將它帶回蘇格蘭，為的是提升對爭取蘇格蘭獨立的支持。不幸的是，在盜竊的過程中，司康之石裂成兩半。陰謀者絕裂，因此司康之石的兩半隨之分離。在經歷了一些令人痛心的冒險和媒體的大肆報導之後，這兩半石重新結合，於是司康之石被修復了。一九五一年四月，它被留在阿布羅斯修道院（Arbroath Abby），且被警告若一旦被當局發現，就要返還給英格蘭。後來它一直留在阿布羅斯修道院，直到一九九六年，英國政府把它歸還給蘇格蘭，現在司康之石長駐於愛丁堡城堡。

- **義大利蒙特西皮教堂的石中劍**：不要與亞瑟王神話中的另一把石中劍搞混了，這把石中劍是義大利版「王者之劍」（Excalibur）的故事，屬於十二世紀的退休騎士高加諾・奎多提（Galgano Guidotti），他後來成為宗教隱士。奎多提原本是自私且罪孽深重的士兵，然後他開始看見大天使麥可。他退避到一座山洞裡，卻被家人的請求引誘出來。當他騎馬經過一座名為蒙特西皮（Montesiepi）的小山時，他被馬兒從馬背上摔下來，然後又看見了大天使麥可。大天使麥可告訴他，要拋棄一切物質的東西，而奎多提回答說，劈開石頭會比較容易。為了證明這點，他把他的劍刺入岩石中，結果劍輕而易舉地滑進那塊「宛如奶油」的石頭而並未劈開它。直到今天，這塊帶著劍的石頭仍然在蒙特西皮教堂（Montesiepi Chapel）展出。許多人曾經試圖竊取它，而其他人則一直設法揭穿它。二〇〇一年，科學家們檢查了這塊石頭，他們證實，石頭的年代至少老到足以屬於生活在奎多提時代的某人。

# 意義重大的樹木

人類與樹木有著深厚的關係。我們天生就被這些緩慢、強健、沉默的時間和歷史見證者所吸引。樹木在閾下（subliminal）層面對我們說話。它們靜靜地站在我們旁邊呼吸；喚起藝術和詩歌的靈感；為我們提供燃料、庇護以及各式各樣的產品和舒適。我們尋求在樹林中散步的慰藉和沉思，或是樹蔭帶來的緩和寬心，但是我們多常努力為樹木提供任何東西呢？

不同的宗教和文化，曾經指定整個樹木物種是神聖的。猢猻樹（baobab tree）生長在非洲部分地區，因為它有能力提供食物、庇護、水而備受崇敬。它們長到非常巨大，高達三十公尺，而且可以活五千年。縱觀歷史，橄欖樹一直被希臘人認為是神聖的。它的果實被食用或壓榨成珍貴的橄欖油，而且用於許多用途。橄欖枝是普世的和平象徵。

年齡非凡或大小奇特的單棵樹木成為朝聖的地方；其中某些樹木聲名大噪，使它們擁有與眾不同的「個性」。我們規劃假期去拜訪它們，裝飾它們，留下供品給它們，替它們命名，而且感覺連結到它們。特殊的樹木，變成我們的旅行和我們的人生的地標和路標。

● **菩提樹**（Bodhi Tree）（印度）：位於印度比哈爾邦（Bihar）菩提伽耶（Bodh Gaya）的菩提樹，是被稱作菩提樹的那棵原始無花果樹（學名：*Ficus religiosa*）活著的後代，佛陀當年就是坐在那棵原始菩提樹底下靜心直至開悟的。這個地點是來自世界各地的佛教徒朝聖的重要地方，被認為是佛教最神聖的地點之一。十二月八日被定為菩提日（Bodhi Day）慶祝，以此紀念佛陀在菩提樹下成道的時間以及佛教的誕生。

● **布萊恩博魯橡樹**（愛爾蘭）：雄偉的布萊恩博魯橡樹（Brian Boru Oak）被認為有大約一千年的歷史；它以同樣出生在該地區的愛爾蘭最後一位至高國王布萊恩・博魯（Brian Boru）命名。這棵橡樹位於克萊爾郡（County Clare）的圖阿姆格雷尼（Tuamgraney）村附近，是拉辛森林（Raheen Woods）的一部分，而且是曾經覆蓋愛爾蘭的橡樹類型的罕見標本。這座島嶼曾經被茂密的森林覆蓋，至少七五％的土地被茂密的森林占據。現在全境卻只有一〇％有森林，其中不到一％是原生林地。布萊恩博魯橡樹，吸引想要接觸歷史以及想像這片偉大的森林曾經看起來是什麼樣子的遊客。

● **默突舍拉棗椰樹**（以色列）：一九六三年，在以色列境內馬薩達（Masada）堡壘的一次挖掘中，發現了六顆來自現已滅絕的棗椰樹（date palm）亞種的種子。後來用放射性碳勘測這些種子的年分，證實了它們確實非常古老，來自西元前一五五年至西元六四年之間的某個時間。一直到二〇〇五年，才決定嘗試種植幾顆這樣的種子。三顆種子被選中，而且奇蹟般地，一顆發了芽且茁壯成長。這棵樹現在高度超過三公尺，而且已經成功地與一棵現代棗椰樹授粉並結出了果實，讓現代科學家真正品嘗到歷史的味道。自從這次成功之後，在該地區發現的另外六顆古老棗椰樹的種子已經成功地發芽；它們將要協助研究這些樹木的藥用和營養屬性。以一位活了九百多歲的《聖經》人物命名的默突舍拉（Methuselah）樹，現在正生長在以色列境內的基布茲凱圖拉（Kibbutz Ketura）。

- **巨杉**（giant sequoia）（美國）：是宏偉的樹木，長成地球上最大的樹木之一。它們的直徑可達九公尺，高度可達七十六公尺。根據記載，最古老的紅杉活了三千五百多年。曾經發現它們分散在北半球各地，但是現在，它們的領地縮減到美國加州北部的七十七座小樹林內。每年，成千上萬的遊客湧入國家公園觀賞高聳的巨杉，一同拍照且有機會與這些令人敬畏的存有交流。

當這些保護區被建立起來時，命名了某些紅杉以紀念內戰英雄；在當時，這可能看似好點子。這些溫和的巨杉中，至少有三棵曾以奴隸主兼南方邦聯領袖羅伯特·李

（Robert E. Lee）將軍的名字命名。二〇二〇年夏天，鑑於拆除讚揚奴隸主和種族主義者的雕像和紀念碑的運動，園方官員決定拆除這些樹木上所有關於李將軍姓名的標牌和參考文獻。這些樹木只能由美國國會或國家公園主任（National Park Director）正式重新命名，但是在公園方面，認為這些名字不再適合矗立，而且違背了這座公園的最佳立意：要成為歡迎和包容的地方，接納享受大自然的所有人們。

- **聖荊棘樹**（英格蘭）：站在有風吹拂的韋里亞爾山（**Wearyall Hill**）上，俯瞰薩默塞特郡的格拉斯頓柏立鎮，聖荊棘樹（**Holy Thorn**）是虔誠的基督徒，以及來自各個靈性道路的好奇遊客的目的地。相傳，在耶穌基督被釘死於十字架之後，他的叔叔亞利馬太的約瑟（**Joseph of Arimathea**）踏上航行到英格蘭的貿易之旅。一到達英格蘭，他和他的十二位同伴便爬上眼前的山丘環顧四周。他和團隊休息時，他將自己的手杖插在地上。隔天他們醒來時，他的手杖已經奇蹟似地生了根。聖荊棘樹繼續生長和開花，而且不只是在預期的春天開花，也在耶誕節開花。十七世紀時，聖荊棘樹（據說當時有三棵）被清教徒士兵砍倒了。傳說當地人保留了插枝，好好培育，使那棵聖荊棘樹繼續活了下來。今天，矗立在山丘上的聖荊棘樹，據說是那些插枝的後代，而且近年來它一直是嚴重惡意破壞的目標。

第2部

# 土系魔法的涵蓋範圍

# 5 魔法中的土元素

土元素為魔法帶來定義、形相、物質。它具有持久力、承諾、智慧、實用的特性。土需要時間；它緩慢而穩定地移動。土記載且保存記錄，而且運用經驗將知識進行分層。土是有創造力且有繁殖力的；它顯化和生產。土知道什麼時候該要沉默、什麼時候該要行動、什麼時候該要說話。土平靜而可靠，為我們的儀式和修行提供基礎和常規。

## 扎根接地且歸於中心

最先教給新的魔法和儀式修習者的事情之一是，如何讓自己「扎根接地且歸於中心」。這是儀式或典禮開始時常用的練習，目的在進入平靜而聚焦的心態。這是你摒除雜念的機會，可以擺脫一天中所有世俗的喋喋不休，將你可能扛著的任何擔憂或焦慮，停放在你的神聖空間外面，讓你的心智完全自由，可以完成你的魔法工作。

## 生命之樹

扎根接地的目的，是要在能量上將你自己連結到大地。有無數種方法可以做到這點；其中包括某種引導式觀想（guided visualization）。流行的引導式觀想往往涉及「生命之樹」（Tree of Life）圖像，或類似的東西。這裡有一個非常簡單的技術，你可以嘗試由此入門。

第一步是設定你的意圖，且有意識地做出扎根接地的決定。接下來，檢查你的身體並覺察你的姿勢。如果你坐著，請盡可能地確保雙腳著地，貼著地面，背部挺直，頭抬起。如果你站著，雙腳分開，與肩同寬，雙手放在身體兩側。我發現，在扎根接地之前，伸展一下，然後將雙臂和雙腿向外甩，這麼做非常有幫助。它讓我有機會檢查一下我的身體感覺如何，而且讓我的血液流動到我足以覺察到它的程度。

第二步是檢查你的呼吸。從緩慢的深呼吸開始，盡可能深入且蓄意地吸氣。屏住氣息片刻，然後慢慢呼氣。至少這麼做三遍，或是直到你感覺到你的頭腦開始安定下來，且只聚焦在你的呼吸。

在你下一次呼氣時，觀想你正在將根部從雙腳腳底向下發散。吸氣時，好好反思根深柢固的感覺。呼氣，讓根更加向下深入。吸氣，反思。這麼做幾次，直到你感覺到那些根正在支持你，你與大地的連結是牢固的。

一旦你感覺到自己正舒舒服服地扎根接地，下一步就是歸於中心。歸於中心的目的，是要變得全然覺知且連結到自己。一開始這麼做可能需要實驗幾次，因為你需要在身體內找到你與真實自我的中心相關的那個位置。我發現這在我的心臟區和太陽神經叢區，而且這相當常見。有些人可能會發現這是他們的喉嚨或頭部，而這也會以同樣的方式運作。

聚焦在你藉由扎根接地建立起來的根部，然後觀想大地的能量沿著你的根向上移動，通過你的雙腳、雙腿、臀部進入你的中心。感覺到大地提供的生命力和能量的支持，而且透過它呼吸。花點時間體驗一下這點，然後允許它繼續向上穿過你的雙肩、雙臂、頸部，穿過你頭部的頂輪向外。現在，這股能量不再是根，而是樹枝，往上伸向天空。你現在是上下相連的，站在中心。

稍加練習，你就可以根據需要，快速地或緩慢地經歷這個過程。因為適度地扎根接地且歸於中心，你將能夠更有效地施展魔法，而且全然臨在，好好體驗。每當你感覺到有壓力或無法聚焦時，運用同樣的技術也是非常有裨益的。找到讓自己扎根接地且歸於中心的方法，是一項基本的魔法技能，也是世俗的應對機制。

## 一起扎根接地

如果你正與某個團體一起運作，那麼你們可以多採取一個步驟，凝聚參與者的結合能量。在這個團體各別扎根接地且歸於中心之後，花點時間有意識地連結到正與你一起運作的其他人。這可以是非常簡單的，在你們手牽手圍成一圈時，刻意地與每一個人目光接觸。你們也可以指定某人來帶領一次簡單的引導式冥想，在這個冥想中，你們全都觀想你們的根然後是樹枝互相纏繞。當我的女巫團聚會時，我們喜歡先一起站成一圈，然後唱頌三個長音，藉此開始我們的儀式。第一個是我們的扎根接地音，第二個是我們的歸於中心音。第三個音則是將我們的覺知擴展到這個團體，結合我們的能量迎接即將到來的儀式。因為我們每次聚會都這麼做，所以已經很熟練了，而且它也具有改變我們的意識、清除遠離外在世界、讓每一位團員進入同一圈心境的效果。

## 四重呼吸法

關於如何讓自己扎根接地，我接受過的某些最佳訓練，是透過我已經上了許多年的瑜伽課程獲得的。在瑜伽中，呼吸控制的練習叫做調息法（pranayama）。因為有意識地覺知到呼吸，修習者的身體變得放鬆然而能量滿滿，頭腦進入有益於靜心的狀態。

有一套有效且相對簡單的扎根接地技巧，在我的瑜伽課裡被稱作「等長呼吸法」（*sama vritti pranayama*），或是，透過我的巫術研究，後來它在我心中變成叫做「四重呼吸法」（Four-Fold Breath）。我的一位巫術老師從一位導師那裡學到了這個技巧，而且把這當作他們在「黃金黎明」（Golden Dawn）系統中的一部分訓練課程。從那以後，我了解到，這套呼吸方法也被稱作「箱式呼吸」（box breathing），美國海豹突擊隊（US Navy Seals），把它用作在緊張情況下保持冷靜和避免恐慌的方法。它已經成為非常流行且普遍的技巧，因為它有效而且做起來簡單。

當我們的身體處在壓力、激動或恐慌的狀態時，往往會呼吸得又快又淺，而且造成心臟怦怦跳。你可以操控這事且讓自己扎根接地，只要刻意地控制你的呼吸，而且將焦慮或忙碌的頭腦，聚焦在呼吸的四個階段以及在每一個階段數到四。

首先找到一個舒適的坐姿。調整好自己，讓你可以這樣舒服地坐著，至少五分鐘內不需要移動或改變姿勢。設法確保你的脊椎盡可能地筆直，而且你可以閉上眼睛，不受干擾。

接下來，注意自己的呼吸。正常地吸氣和呼氣幾次，而且設法只是聚焦在空氣吸入、然後排出肺部時所產生的感官覺受。

當你準備就緒時，聚焦在吸氣而且數到四。

屏住氣息，持續數到四。

均勻地呼氣，持續數到四。

暫停，你的肺是空的，持續數到四。

不要逼迫或使勁強迫自己。如果一開始數到四覺得太長，請嘗試數到二或三，然後再延長至數到四。你數得多慢或多快取決於你自己。一開始，這整個循環至少做四次，然後慢慢往上加，讓自己能夠舒舒服服地坐著且維持四重呼吸幾分鐘。當你遍布聚焦感與平靜感的時候，你會知道自己是扎根接地的。

## 創建土系祭壇

創造施展土系魔法的祭壇，可以幫助你更深入地連結到土元素。建立一個以土元素的感官體驗為特色的空間，你可以讓自己沉浸在土元素之中，每當你需要或想要的時候，就可以與它交流。這是你的魔法修練的物質焦點。它提供舞台，讓你可以設置工具、象徵、魔法運作的能量。這是一個工作空間，一個可以進行占卜、靜心冥想、施作法術、向土元素致敬的地方。

我家裡有兩座土系祭壇。一座在我辦公室內辦公桌上方的小架子上。它有一尊某位大地女神的小雕像、一盤鹽、幾塊天然的岩石和碎石、一座香爐、一副塔羅牌、一根綠色蠟燭。就我白天的電影工作，以及我的寫作而言，我時常在家工作。我維護這座祭壇，用它來執行可能需要協助我完成工作的任何魔法工作。事業、財務、物質穩定、安全保障，全都與土元素的屬性有關，所以在這裡崇敬和取用土元素是非常適合的。

我設置的另一座土系祭壇，是在我有幸擁有專門用作神殿空間的房間內。這座祭壇由一張我的家族世代相傳的木桌構成，上面裝飾了一根綠色大蠟燭、一根鹿角、一只木雕的五角星形。這座祭壇以神殿房間的北牆為中心，上方牆面的藝術品，包括我拍攝的「巨石陣」照片、「綠人」（Green Man）的圖像，以及綠和棕的色調搭配。為兩座祭壇選擇的所有物品和顏色，都是根據它們與土元素的關聯挑選的。這些東西喚起我與這個元素相關聯的氣氛、感受、情緒，而且增強與它們一起運作的力量和體驗。

首先，在家中想要設置土系祭壇的地方挑選一個區域。畢竟，這是一個工作空間，所以它必須是實用的。這座祭壇可以是任何大小，只要適合這個空間。不妨考慮在家中進行日常工作的地方附近，創建一座小祭壇。就像我在謀生的辦公室內有一座我的小祭壇一樣，你可能想要在做飯和做家務事的廚房內有一座小祭壇。廚房也相當於現代家庭的爐床，而爐床就與土元素的性質非常契合。

任何平面都可以用作祭壇，但是最好可以為此指定一張特殊的桌子、書桌、架子或櫥櫃。如果你挑選的家具有可以存放額外儀式用品的內建儲存空間，那是額外的好處。

通常，祭壇上會覆蓋著某種布。選擇顏色與土有關的布料——綠色、棕色、黑色或白色效果都不錯。如果你的祭壇是用木材或另一種天然材料製成的，你可能會想要按照它原來的樣子使用它。你一定會使用蠟燭和其他可能會滴落、滲漏、弄髒的東西，所以最好取得一塊強化玻璃來保護祭壇表面。如果你把強化玻璃放在祭壇布上，那麼擦乾淨以及刮掉滴落的蠟便容易許多。我有一塊玻璃是從舊冰箱內的架子拿出來廢物利用的。它的效果非常好，而且非常耐用。

你放置在祭壇上的物品取決於你個人的品味和審美觀。一盤泥土或鹽以及一只五角星形會是不錯的開始，外加一根綠色或棕色蠟燭。天然的蜂蠟蠟燭聞起來很香，而且擁有適合土元素的質樸外觀。就薰香而言，松木、雪松或廣藿香通常相當容易找到。列印出對你意義重大的自然空間的照片，然後用那些照片裝飾你的祭壇。納入代表你的職業的東西。舉例來說，如果你是木匠，就在你的祭壇上放一些釘子，或是如果你有名片，把名片加上去。或許你有代表你的勞動或工作的工具或器具，可以為你自己和你的家人提供生活所需，或是某位祖先留傳下來的家族物品。我有一台屬於我祖母的馬鈴薯搗碎機。這聽起來可能很傻，但是我有許許多多的幼年記憶，記得祖母為了製作波蘭餃子餡，邊搗碎馬鈴薯邊咒罵。祖母製作了最好的波蘭餃子，所以展示她的搗碎機代表舒適、美味的食物、某位親愛的祖先。一份土系連結，雖然是古怪的連結。

我還有一座非常樸素的土系祭壇在我家外面。在我後院裡一棵山楂樹的基部，我有一塊平坦的大岩石。這是留下儀式供品以及奠酒被倒出去的地方。就算儀式在屋內舉行，完成之後也會在這塊石頭上留下一塊祭祀食物以及一定量的祭祀酒給眾神。我小心翼翼，確保留在岩石上的任何東西，都不會對當地的野生動物造成傷害，因為兔子和松鼠似乎非常樂意代表眾神採取行動，帶走最常留在那裡的小塊燕麥餅。

要考慮你的祭壇對環境造成的影響。身為異教徒和女巫，我們正在與大自然的季節和週期一起運作，因此，在我們購買和挑選儀式用品和消耗品的時候，這份崇敬應該會積極地反映在我們所做的選擇中，這是理所當然的。只要有可能，就儘量挑選可以回收和可生物降解的物品。用心搜尋可以從外面帶進家裡的天然物品。重要的是魔法的品質，而不是「東西」的數量。

你的祭壇應該要被視為特殊的，而且被尊重地對待。我不允許祭壇被用作隨意扔下空飲料杯或糖果包裝紙的地方。那些東西可以放在任何其他平坦的表面，但是你的祭壇應該是你的住家的靈性焦點，照顧它可以是你的日常靈修活動的一部分。

幾點考量：

- 務必保持你的祭壇清新而整潔。這是一個特殊的空間，你可以在這裡邀請土元素、施展魔法、致力於你的靈性修練，而且應該以考慮周到的方法維護祭壇。

- 務必因應季節、安息日、月相，將整座祭壇好好改變一下。
- 請勿將祭壇用作堆放雜物或垃圾的地方。
- 絕不要留下正在燃燒的蠟燭或薰香，無人看管。
- 盡你所能，用就地取材且成分天然的物品和工具來裝飾你的祭壇。由木頭、石頭、金屬、天然織品、玻璃、蜂蠟等等製成的物品，都有它們自己的振動，可以為你的魔法做出貢獻。
- 盡可能地不要使用塑料及合成的儀式用品。這些材料在魔法上具有惰性，不會在能量上對你的工作有所貢獻。從環境的視角看，它們不會生物降解，而且在你用完它們之後很長時間，還會留在垃圾掩埋場裡。

## 土系屬性的魔法工具：五芒星

五芒星（pentagram）的形象與魔法和神祕學，有著千絲萬縷的鏈結。有幾個象徵符號和工具，名稱聽起來類似，但是用途不同，所以且讓我們澄清某些混淆，釐清某些含義：

- 五芒星是等邊且有五個角的星形，它有時候被稱作五角形（*pentangle*）。
- 五角星形（*pentacle*）這個字有幾個含義。在大部分現代異教和巫術背景中，它被描述成一個圓圈內的等邊五角星。五角星形也是上面刻有或畫有五角星的圓盤或盤子的名稱，這類盤子往往在儀式中裝盛食物或供品。這也可以用作某次運作期間的焦點，物品放置其上，可以增添魔法能量。五角星形時常意指某個不包括星形的神祕或魔法象徵。
- 祭碟（*paten*）是一種通常由貴金屬製成的儀典用盤子。這個字意指基督教儀式中裝盛聖餐的盤子，但是這個字也確實跨越到異教的儀典中，成為裝盛供品或儀典食物的盤子。

五芒星或五角星形，都是當代文化中用來代表巫術和威卡教的象徵符號，不僅在魔法實務中很普遍，在世俗做法中也很盛行，而且它們以多種方式被使用。在某些威卡教傳統中，倒置的五角星形或五芒星，被用來代表第二級（the second degree），而在頂點上方額外添加三角形的直立版本，被用來表示第三級（the third degree）。早期的基督徒相信，五芒星上的點代表基督的傷口。在日本，它與水、木、土、火、金五大傳統元素有關，它也出現在衣索比亞和摩洛哥的國旗上。這個符號的影響和意義是普遍而強大的。在針對如何使用五芒星做出任何假設之前，將你發現它的前後情況納入考量是很重要的。

並不是所有五角星形都包含五芒星。伊利法．李維（Éliphas Lévi）在他的著作《所羅門王的鑰匙》（*The Key of Solomon the King*）之中，寫到這類五角星形是魔法的象徵符號。在這份文獻中，他詳細描述如何製作五角星形，而且將它們描述成有希伯來字母、煉金術符號、六角星、幾何形狀。這些五角星形被用於操控靈和元素，以及提供保護，免於幾種威脅。它們可以由金屬製成，或是畫在羊皮紙上，而且有一套顏色和行星對應系統。

五芒星上的每一個點對應一個不同的元素。最被認可的這類系統，是由一個名叫「黃金黎明協會」（the Hermetic Order of the Golden Dawn）的儀式魔法團體在十九世紀末開發出來的。這套系統已被許多現代巫術、儀式魔法、新時代傳統所採納，

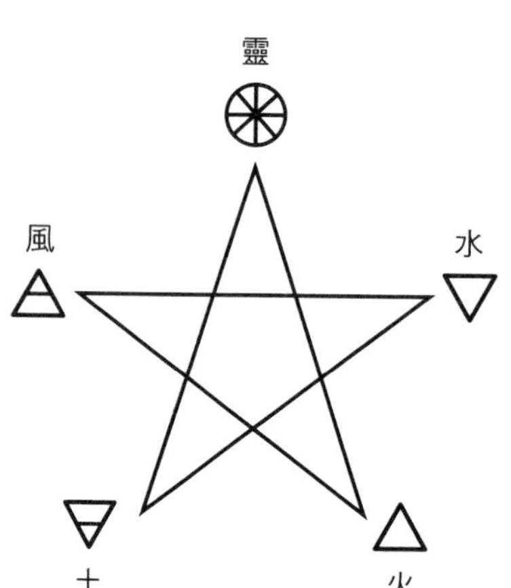

而且是最接近目前可用的標準化系統的東西。

尖端向上還是向下？在現代巫術和威卡教的用法中，五芒星或五角星形上的尖端通常是向上指。黃金黎明協會之類的儀式魔法團體表示，這是指出，「靈」元素主宰其他四大元素。五芒星或五角星形的倒置版本，意謂著相反的意思——物質的元素們和渴望將會支配「靈」。倒置的象徵符號與撒旦運動，有著密切的關聯。加了山羊頭圖像的倒置五芒星被稱作「巴風特之印」（the Sigil of Baphomet）。

## 土系屬性的五芒星

在空中畫一個五芒星，以喚起或驅逐某個特定的元素能量，這是經由儀式的魔法流動成功進入異教和巫術做法的程序。這通常是在畫一個魔法圈且呼喚元素各區時完成的，每一個元素都有一個指定的模式，可以在儀式開始時喚起它，然後在儀式結束時，倒轉這個模式驅逐它。在許多傳統中，喚起和驅逐的土系五角星形是預設的五角星形，而且被用在每一區，所以如何做到這點取決於你。實驗並找出什麼比較吸引你是個好辦法。一旦你掌握了如何創建這個模式的訣竅，它就變得比較容易記住。

畫出喚起的五芒星，目的是為元素能量提供一個入口，讓元素能量可以進入魔法圈且成為焦點。若要畫出一個土元素的喚起五角星形，你可以使用慣用手的食指（如果你慣用右手，就用右手；如果慣用左手，就用左手），或是如果你有儀式刀，就用慣用手拿著儀式刀。面向北方站著，觀想土的特質和屬性。舉起你的手指或儀式刀，來到你前方大約肩膀的高度。然後深吸一口氣，從你雙腳底下的土地裡汲取能量向上，而且觀想它是一道光流，穿過你的身體向上行，也穿過你的手指或儀式刀流出（我將這光視為一種電藍色；你可能會看見不一樣的東西）。利用這個模式運用這道光流，在你面前的空氣中畫出你正在喚起的土系五芒星：

這個辦法是要從五芒星的頂端（屬於靈的那個點）開始畫，然後向下畫到屬於土的個點，然後繼續順著畫，直到你返回到靈。有些修習者喜歡把五芒星圍起來，把它製作成五角星形。

土的喚起五角星形，是十分有效力的保護符號。可以在空中或實際畫出土的喚起五角星形，為的是將保護借給某人、某地或某件事物。為了保護或「守衛」你的住家，你可以利用鹽水和你的手指在每一個門口、窗戶或住宅的開口上方，畫出土系五角星

形。如果實際操作不切實際，那麼觀想那些五角星形被畫出來也同樣有效。

若要驅逐，你就倒轉用來喚起的模式。從屬於土的那個點開始，而且用你的非慣用手的食指（如果你慣用右手，就使用左手，慣用左手，就使用右手），或是如果你有儀式刀，可以將儀式刀握在你的非慣用手中，向上畫到靈的位置，然後逆著繼續畫，直到你返回到靈。這麼做的時候，觀想五芒星的光被你的手指或儀式刀吸回來，向下回流經你的身體，又向下回流到它來自的土地裡。

## 祭壇五角星形

當五角星形作為魔法工具出現在祭壇上時，它可以表現成刻有五芒星或五角星形的扁平圓盤或盤子。有時候上面也會刻有其他象徵符號，例如元素或星座符號、字形、符咒，或其他對擁有者來說是神聖的符號。這些可以由木頭、黏土、金屬或任何數量的人造材料製成，而且它們的直徑通常在十至二十二公分之間，就像茶碟到餐盤的大小。尺寸和材料選擇，實際上取決於使用者偏愛的美感，或使用者的傳統推薦的審美標準。我會建議，因為這是土的工具，它其實應該是由天然的土系材料製成。

五角星形往往被用作盤子，上面擺放給儀式參與者享用的食物。在威卡教風格的儀式中，五角星形和杯子，被一起用於稱作「蛋糕和麥酒」或「蛋糕和葡萄酒」的部分儀式。這個簡單的盛宴被視為一個機會，可以分享已在儀式上受過祝福的糧食。它是一種隱喻，暗喻創造和維繫所有生命的神性結合與愛。

## 鹽是可廣泛使用的魔法工具

氯化鈉（NaCl）是鹽的化學名稱，它是地球上最豐富的礦物質之一。平均而言，世界上大洋和海域的含鹽量是三．五%，而且幾乎世界上所有的鹽都來自海洋。在地底下發現、開採提取的鹽沉積物是古代海床的遺跡。幾千年來，人類一直受益於利用鹽作為防腐劑，能夠保留和貯存珍貴的食物，而且可以在進食時享受鹽加到食物中的美味。鹽對人類的生命至關重要，因為它調節血壓，平衡我們的體液。它也確保我們的神經和肌肉正常工作。鹽也是有效的療癒劑。用鹽水洗澡可以舒緩痠痛的肌肉，治療一些皮膚問題；用鹽水漱口可以治療喉嚨痛和口腔潰瘍。

鹽在我們的生活中具有如此根本的意義，它甚至影響我們的語言。稱呼某人「大地的鹽」（salt of the earth），等於是讚美他是純潔、善良、誠實的人。當某人被說是「值得他們的鹽」（worth their salt）時，這是恭維對方多麼能幹，配得讚美之詞或他們的薪資（salary 這個英文字來自拉丁文「sal」，意思是鹽）。

關於鹽以及它可以帶來好運和壞運的各種方式，有許多傳說。達文西的畫作《最後的晚餐》（*The Last Supper*）顯示，猶大（Judas）的手肘正撞翻鹽罐，當時耶穌透露，他知道他的門徒之一會背叛他。餐桌上撒了鹽被認為會引發家人爭執，而且不是為撒鹽的人帶來麻煩，而是為坐在離撒鹽人最近的那個人帶來麻煩。

小時候，祖母告訴我，如果你撒了鹽，惡魔就有機會逮到你，而阻止惡魔的方法是將鹽從你的左肩上方扔過去。愛爾蘭的迷信是，如果你撒了鹽，就必須把鹽從你的左肩上方扔過去三遍，否則你會被詛咒。撒鹽通常被視為壞運，而扔掉它則帶來好運。

在日本，當不受歡迎的訪客離開後，屋主會把鹽撒在房子的門檻上，確保那人不會回來。參加葬禮返家後，也會在門檻上撒鹽，鹽可以阻止任何靈跟隨你進入你家。

在愛爾蘭的民間傳說中，用鹽對抗小仙子也很有效。萬一孩子意外摔倒，那可能是因為小仙子正設法與孩子一起逃跑。要給這孩子嚐三次鹽，就可以把小仙子趕走。在中世紀，天主教的習俗是，把鹽放在新生兒的舌頭上，可以在新生兒受洗之前保護寶寶。

在女巫的祭壇上，鹽代表土元素。當它與水結合時，就被用於滌淨和賜福給魔法圈。鹽也可以在魔法中用作一種保護，避開有惡意的存在體，或用於療癒儀式。所以，鹽目前的魔法用途與人類向來使用它的歷史和文化用途非常相似。

有許多種鹽，而且所有的鹽都同樣有效，因此，不需要額外花錢購買別致或稀有的鹽，你就可以利用鹽與生俱來的特性。一盒便宜的普通食鹽與一罐昂貴的進口海鹽，兩者具有相同的能量屬性，但是由於原產地、顏色或礦物質含量，價格較高的鹽可能有某些附帶的好處。在一場法術中，來自速食餐廳的小包含碘食鹽，就跟來自精品雜貨店的一匙豪華級「鹽之花」同樣有效。有一種鹽，就可以完成你想要完成的任何魔法。它會將土元素帶進你的運作中，也帶來它滌淨、保護、淨化的能力。

- **黑鹽**（black salt）：至少有三種黑鹽可以考慮，每一種都有各自獨特的用途和屬性。

1. 黑鹽或女巫的鹽：這不是烹飪用鹽，而是以鹽為基礎的混合物，混合起來，用於驅逐、保護、祛除、預防邪惡或有惡意的力道。它是一種混合物，廣泛地用於一系列的民間魔法、胡毒教、召喚術、巫術實務。它廣為流傳，因為有效。把這種鹽撒在住家周圍，可以擋開麻煩的訪客或不速之客；將一袋這種鹽掛在脖子上或放在口袋裡，可以阻斷言語攻擊、流言蜚語、惡意霸凌。在本書的第11章中，可以找到「黑鹽」的更多信息和一份配方。

2. **喜馬拉雅黑鹽（Himalayan Black Salt）**：又名「印度黑鹽」或「卡拉納馬克」（**kala namak**）。它是一種喜馬拉雅粉紅鹽，與包括訶子（harad seed）在內的各種印度香料混合，然後加熱。這個過程使顏色變深，形成從深棕色到紫色的一系列顏色，而當它被磨成粉末時，可以顯現出粉紅色。訶子賦予它硫磺、蛋的香味。它的獨特風味用來調味咖哩、印度酸辣醬、印度泡菜。喜馬拉雅黑鹽常用於素食烹飪，以此增加濃郁的鮮味。

3. **黑色熔岩鹽（Black Lava Salt）**：有時候被當作夏威夷黑鹽或黑海鹽出售。它通常用優質白海鹽製成，與取自燒焦椰子殼的活性炭混合。它有股溫和的泥土、煙燻味，而且被用作「收尾鹽」（finishing salt），上桌前撒在食物上。

- **死海鹽**：顧名思義，這種鹽是從死海提取出來的，幾千年來一直用於醫藥和美容目的。它的成分與其他海鹽或食鹽不同。雖然海鹽或食鹽八五％是氯化鈉，但是死海鹽中只有一二％到一八％是氯化鈉。這為鎂、硫、鈣、碘、鋅等大量其他礦物質留下空間。

- **瀉鹽**（Epsom salt）：儘管叫做瀉鹽，但是它根本不是鹽；它不含氯化鈉。瀉鹽是硫酸鎂（magnesium sulfate）的俗名，而且它確實擁有像鹽一樣的外觀。瀉鹽是一種療癒物，被添加到溫暖的沐浴水中的時候，能舒緩疲憊痠痛的肌肉且減輕疼痛。雙腳浸泡在瀉鹽水之中可以治療運動員的足部和趾甲真菌。它可以冷卻曬傷，治療腹瀉，增強免疫系統。
- **鹽之花**（fleur de sel）：是一種備受青睞的烹飪用鹽，以其細膩、質清的片狀、純淨的味道而聞名。它是在五月至九月期間，在非常特定的風和天氣條件之下，從不列塔尼附近的法國海岸以及地中海部分地區的海岸，煞費苦心地用手採得的。
- **灰鹽**（grey salt）：原產於法國，採自與「鹽之花」相同的地區。鹽灘中的泥土含量為「灰鹽」（*sel gris*）帶來灰色。灰鹽是未精煉的，略微潮濕，保留了來自海洋的所有礦物質。它比食鹽昂貴一些，但是額外的風味和有趣的屬性，使它成為一種值得放縱的享受。

- **猶太鹽**（Kosher salt）：是一種粗鹽，用於按照猶太教潔食規矩準備肉類的過程，根據猶太教飲食戒律，鹽用於將血從肉中抽出來。並不是猶太鹽符合猶太教的潔食規矩，而是這種鹽被用來按照猶太教的潔食規矩準備肉類。猶太鹽不僅具有這層宗教意義，也是大部分廚房裡的最愛，因為它不含添加劑和防腐劑，價格便宜，味道又好。
- **波斯藍鹽**（Persian blue salt）：奇特的波斯藍鹽源自伊朗北部的一座礦井。製造這種鹽的海洋，在兩億多年前就完全乾涸了；藍色是由於晶體中存在氯化鉀以及極度的壓力造成的。它既昂貴又稀有，往往與白鹽混合出售，以便降低成本。
- **醃製鹽**（pickling salt）：用途就跟你想的一樣——醃製和保存食物。這種鹽是純粹的氯化鈉，不含任何可能會破壞裝罐食品的添加劑。碘或抗結塊劑之類的添加劑可能會使你的產品變色，使濃鹽水混濁，造成可怕的糊狀泡菜。醃製鹽迅速地溶解在水中，形成晶瑩剔透、使食物不會變色的濃鹽水。我坦承，這是我最愛用於魔法用途的鹽。與食物保存和廚房巫術的連結，賦予它難以超越的額外土系優勢。
- **粉紅鹽**：這通常是從秘魯和喜馬拉雅山區的鹽礦床中開採的。粉紅色來自於鹽晶體中的礦物質或一種細菌。這種鹽的喜馬拉雅山版本是最著名的，來自巴基斯坦的基拉鹽礦（Khewra Salt Mine），乃世界上最古老且最大的鹽礦之一。秘魯的粉紅鹽源自於馬拉斯鹽礦（Maras Salt Mine），這個礦床坐落在安第斯山脈高處的「聖谷」（Sacred Valley）之中。還有一種澳大利亞的粉紅鹽，則採自澳大利亞東南部墨累達令盆地（Murray Darling Basin）內一座古老的含鹽蓄水層。

- **夏威夷紅鹽**（Red Hawaiian Salt，又名 Alaea salt）：它是一種海鹽，採自可愛島（Kauai）周圍的太平洋。據說，它含有最高濃度的微量礦物質，以及任何鹽的元素。它的顏色來自被添加至其中且富含氧化鐵的火山泥，使夏威夷紅鹽具有獨特的土味。
- **道路用鹽**（road salt）：是一種僅用於工業的粗粒岩鹽，用在結冰的冬季道路上，作為一種安全措施，可以對付融雪以及清除光滑路面上的冰。
- **海鹽**：海鹽通常是一種比較昂貴、比較別致的烹飪用鹽，通常含有因蒸發海水而得到的微量礦物質，而且海鹽通常尚未精練，或只經過最少的加工，因此可以保留其獨特的特性和風味。任何鹹水體都可以產生海鹽，但是常見的來源是地中海或大西洋。海鹽可以大片或細磨的形式購得，而且調味食品時，它有一股潔淨、顯著的味道。
- **食鹽**：截至目前為止，最常見的食鹽是高度精製、均勻的白鹽。這是你在多數廚房的鹽罐裡找到的東西。價格便宜且用途廣泛，最適合用於烘焙和烹飪，因為容易量測。食鹽的氯化鈉含量非常高，因為在加工期間已經去除了礦物質。它也可能內含碘以及防止凝結的抗結塊劑等添加劑。對大部分的魔法目的來說，食鹽的效果還不錯。

## 煉金術中的土

煉金術是一種早期的化學和哲學，修習者希望藉由這個方法在實質上和隱喻上把鉛轉變成金。在這套系統中，有一系列符號用於代表現代魔法修習者所採用的元素、金屬、化合物。土的煉金術符號是一個倒三角形，被一條水平線一分為二。在這套系統中，土被認為具有寒冷和乾燥的特性。它代表顯化身體的感官和運動。

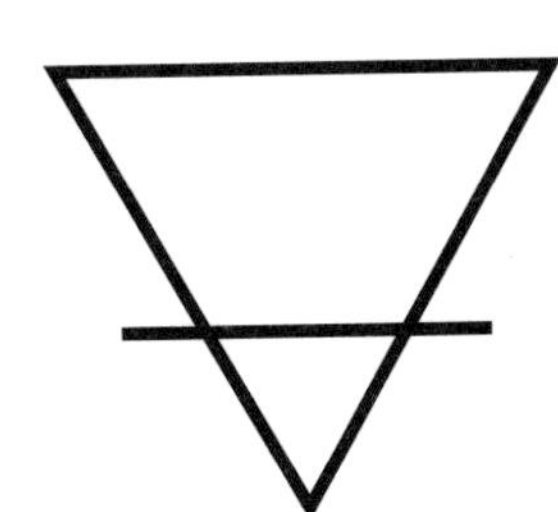

## 土的顏色

在魔法中運用顏色是一項重要的細節，可以將與顏色有關的力量，帶入你正在進行的工作中，藉此增強魔法的運作。顏色攜帶的關聯，可能會因你仰仗的巫術或異教傳統而不同，也可能因文化和地理位置而不一樣。以下提出幾則顏色的實例，這些顏色通常被大眾接受可以代表土，外加一些一般的對應關係：

- **綠色**：豐盛的顏色，代表繁殖力、運氣、繁榮。綠色是大地的豐饒、女神的慷慨、大自然的顏色。它是代表心輪的顏色，而且在煉金術的系統中，它是關係和慈悲的界域，以及我們給予世界和從世界領受的東西。心輪是療癒能量和個人真實性的來源。
- **棕色**：有機的顏色，代表值得信賴、可靠、實用。它具有質樸的魅力和舒適的友善。棕色是保守的、共通感的顏色，有助於施展與自然空間和動物有關的魔法。
- **黑色**：強力連結到驅逐或有害的魔法。黑色具有很強的保護特性，而且極其扎根接地。作為午夜和歇息的顏色，它與女神和老媼面向有關聯。
- **白色**：與土共享對應關係的顏色，而且在某些系統中，白色被用來代替比較明顯的綠色。它與北方、黑暗、午夜的陸地有關，而且的確，在北方的氣候中，一年中的大部分時間，大地確實看起來白茫茫一片。

## 女巫的金字塔

一八五四年，法國神祕學家伊利法・李維在他的著作《超驗魔法》（*Transcendental Magic*）之中寫道，若要成為魔法師，必須具備四個「必不可少的條件」。這些條件被概括總結成「知道、敢於、意欲、保持沉默。」❸隨後幾代的儀式魔法師、然後是現代女巫，都採納了李維的作品，他所寫下的條件，最終在巫術界被譽為「女巫的金字塔」。每一個條件都被歸因於一個不同的元素，而「保持沉默」被歸屬於土。

對魔法修習者來說，保持沉默的能力有許多用途。有時候這意謂著，不要搶著發言，而是要好好聆聽。聆聽的力量讓我們停下來反思，而且聆聽到的不只是他人的智慧，還包括我們內在的聲音和嚮導的智慧，那可能正在設法與我們溝通。沉默地坐著，接受著周圍的聲音，調頻進入周圍自然世界的嗡嗡聲，在壓力重重的世界中，這可以提

---

註❸：Éliphas Lévi, *Transcendental Magic: Its Doctrine and Ritual* (London: Bracken Books, 1995), 37。

供舒適安逸和扎根接地。

操作魔法時，沉默是重要的成分。在我的女巫團中，我們設法避免討論儀式或法術，至少在二十四小時內，因為我們發現，如果我們開始批評或分析我們的努力，就會因為過度思考或吹毛求疵而暗中破壞它們。圈子內發生的事就保留在圈子內，對你完成的事以及與誰一起完成，保持沉默可以確保隱私，如此才能建立一個強大、親密的運作群組，而且避免八卦。

言語有力量，沉默也有力量。沉默表示耐心、考量、節制、深思。

## 土的占星術

夜晚，從大地仰望天空，我們可以看見代表黃道十二宮的十二個星座。這些天上的星座分成四組，每一組三個星座。這些組被稱作「三宮一象」（triplicity），每一組與一個元素有關。

與土有關的三宮一象，包括金牛座、處女座、摩羯座。在這些星座底下出生的人們，通常是敬業、忠誠、講究實際的人，有頑固的性格特徵，喜愛舒適，也需要安全感。

## 金牛座：四月二十日至五月二十日

金牛座的象徵是公牛，這是一種以其難以置信的力氣和決心而聞名的動物。金牛座會忠心耿耿且堅持到底。他們高度重視對朋友、家人、浪漫關係、事業的承諾。他們長期處在這樣的狀態下，期待他人會分享他們的價值觀。作為黃道十二宮的固定星座（fixed sign），他們是土象星座中最具土的氣息的星座。

在金星守護下的金牛座，是慷慨的情人、頹廢的家庭主婦，以及最精緻的食物、飲料、藝術、美麗事物的鑑賞家。金牛座必須小心不要過度放縱或過度消費。他們可能很容易極度固執、缺乏動力、耽擱拖延、占有欲強。

金牛座的關鍵詞：感性、穩定、唯物主義、全心全意、不妥協、可靠

## 處女座：八月二十三日至九月二十二日

處女座的代表是處女的形象，那是一名女子，懷裡揣著一捆小麥，代表一年中這個時候最有名的收穫和豐盛。

處女座的守護星是水星，這為他們帶來寫作和溝通的傾向。他們是批判思考的人，在人生的各個領域都善於識別區辨。作為黃道十二宮的變動星座（mutable sign），處女座是合作的、團隊導向的、靈活有彈性的人，能夠適應和接受改變。

處女座理解他人的需求，建立持久的友誼。他們投射出平靜的自給自足的印象，代表處女的面向。處女座有敏銳的細節感和秩序感，他們可能會把這個特點發揮到極致，以至於有時候忘記大局，而且可能會飽受不足感之苦，老覺得陪伴他人或自己的時間不夠，或是為他人或自己做得不夠多。

處女座的關鍵詞：善良、善於分析、樂於助人、矜持、害羞、講究實際

## 摩羯座：十二月二十二日至一月十九日

土系的山羊代表摩羯座，對出生在這個星座的人們來說，這是強健、敏捷、腳踏實地的象徵。他們的守護星是土星，顯化成務實和責任感，但是也可以讓他們顯得疏離而冷漠。摩羯座是勤奮工作的人，加上那份責任感，他們往往成為工作狂或極度聚焦於任務，而且強力要求與他們一起工作的人，達到他們對事業的承諾標準。作為黃道十二

宮上的基本星座（cardinal sign），他們往往成為優秀的領導者，有強大的組織和決策能力。

摩羯座被與他們分享優先事項和野心抱負的其他人所吸引。他們喜歡制定長期計畫，完成已經著手的工作，當這些計畫出錯時，他們會有深度的罪疚感。傳統是意義重大的，而且摩羯座可能很難改變計畫或打破規則。

摩羯座的關鍵詞：成熟、自律、無情、負責、悲觀、獨立

## 塔羅牌中的土

土元素以錢幣（coin、disk、pentacle）牌組出現在大多數的塔羅牌之中。如果沒有帕美拉·科熳·史密斯（Pamela Colman Smith，譯註：一八七八年至一九五一年，暱稱Pixie，英國藝術家、插畫家、作家、出版商、神祕學家，「騎士韋特」塔羅牌的畫作是她最有名的作品）的標誌性藝術作品，經典的騎士韋特（Rider-Waite）牌就不會那麼經典，而在騎士韋特牌之中，錢幣牌組是suit of pentacles，所以為了方便起見，我在這裡會將錢幣牌組稱作pentacles。

塔羅牌中的「錢幣」牌組，代表人生的物質現實，例如，住家、事業、財務、財產、生意、貿易、收益。從正面解讀時，這些牌卡代表繁榮、舒適、實現、顯化。「錢幣」的負面解讀反映出貪婪、懶散、過度放縱、財務管理不善的陰暗面。這些牌卡可以闡明提問者的個性與動機，揭示與身體意識、物質欲望、小我（ego）、自尊有關的課題。

從「錢幣一」（Ace of Pentacles）開始，我們看見機會的第一次顯化以物質方式前進。一個新的建設階段，或是，如果逆位，警告不要輕率地消費或貪婪。「錢幣二」看見我們設法管理我們的物質義務和艱難挑戰，然後才遇見「錢幣三」，在此，我們開始學習如何運用和信任自己天生的才能。「錢幣四」是我們開始節省資源、乃至囤積資源的地方——提醒我們償還債務，以及感謝你迄今為止的成功。因為拿到「錢幣五」，我們遭到嚴酷現實的打擊，包括物質損失和不可避免的不適。「錢幣六」可以使人安心，援助將會到來，而且贊助人或資金供給即將出現。假使逆位，意謂著你需要全神貫注於更好地管理你的財富，而且不要揮霍。一拿到「錢幣七」，成功的保證即將來臨，但是需要耐心。檢查一下你的期望，關於將你的努力放在哪裡，務必實事求是。有了「錢幣八」，我們看見對技能的嫻熟掌握變得顯而易見。檢查一下你的小我，保持腳踏實地。

「錢幣九」是奢侈和額外收入的實現。「錢幣九」的陰暗面是沉重的債務負擔以及喪失舒適感。「錢幣十」是財富充分實現，以及理解到，這不只意謂著金錢。生活的富足包括家人、朋友、幸福、靈性的圓滿俱足。「錢幣十」的負向面是緊張和爭執，導致關係和財產的損失。

宮廷牌往往直接參照你生命中的真實人物。國王和王后通常解讀成男性和女性人物，而侍者、騎士、公主等等，如果你考慮到他們可以是任何性別的人，就可以更準確地解讀。他們的稱號，多半是指他們的年齡以及與你的人生的關係。

「錢幣侍者」（Page of Pentacles）代表智慧超越同齡的年輕人或孩子，為你傳達關於你的物質世界的訊息。他們可以是動力十足且才華橫溢的，或是貪婪而精明。「錢幣騎士」（Knight of Pentacles）是年輕的成年人，通常傳遞與財務和商業事務有關的正面消息。他們是為事業奮鬥的人，但是他們可能更在意自己的利益，而不是關心其他人的最佳利益。「錢幣王后」（Queen of Pentacles）是有成就、慈善、哺育、通常有母性的年長女性。假使招惹到她不好的一面，她可能會變得固執、卑鄙、狡詐，以求獲得她深愛的物質財富。而最後，「錢幣國王」（King of Pentacles）代表有權力和影響力的成熟男性。他在他的領域是專業且受人尊敬的，而且慷慨地提供明智的建言和支持。他的缺點是，為了達成他的最終目標，他也可以涉及貪腐、犯法或不道德的策略。

在大阿爾克那（major arcana）中，土元素意味深長地顯化在幾張牌卡中。女皇（Empress）牌就是大地母親本身，繁殖力強且慷慨大方。她時常被描繪呈現放鬆的姿勢，可能懷孕了，周圍豐盛環繞。女皇由金星守護，她提供愛、喜悅、創造力。在她的負向面向中，她可能是令人窒息且占有欲強的，無法放手，而且專橫傲慢。「教皇」（the Hierophant）是由金牛座守護的牌卡。這張牌卡指出秩序以及呈現漸進式運作秩序的制度體系，以及一位可能的靈性導師，帶著深思熟慮的建言。它可以涉及各種類型的契約，例如結婚或商業協議。假使逆位，「教皇」可能是道德批判的、不寬容的、背離傳統的。「隱士」（the Hermit）是由處女座守護的牌卡。兩者都以聖潔而孤獨的形式遺世獨立。「隱士」是提醒智慧和內省的價值。他給出睿智的建言，但是僅限於那些願意積極尋求建言，以及有足夠耐心等待建言的人們。逆位時，「隱士」可能是心不在焉且性情乖戾的，沒有時間聆聽愚蠢的問題或理想主義。而最後是「惡魔」（the Devil）。這張牌卡由有犄角的野獸摩羯座守護，它強迫你評估自己的罪行和誘惑，強迫你面對你可能已經做出或即將做出的糟糕抉擇。逆位時，「惡魔」鬆開握著的手，時間長到足以讓你修正考慮不周的計畫或毀滅性的軌跡。

在一次解讀中有大量的錢幣表示，你的住家和工作生活需要關注，以及你的物質需求需要被照顧。你的債還清了嗎？你覺得安全且有保障嗎？你需要做什麼事才能讓你的法律事務和財務金融井然有序呢？

## 撒泥占卜

撒泥占卜（geomancy）是一系列的占卜法，透過與土地的固有能量的連結，以及藉由解讀土的徵象和特色運作。在這個類別底下有若干的系統和實務做法，它們全都以某種方式利用自然而然發生的模式來創造和諧、預測未來、理解宇宙。其中某些系統是神聖幾何學、風水學、抛硬幣、擲骰子、探測術，以及使用迷路園或迷宮。撒泥占卜是一門結合神祕事物與數學和魔法的研究領域。

- **神聖幾何學**：研究幾何定律如何影響我們的環境。顯化在世界上的一切，在某種程度上，都是由結構、圖案、設計構成的。我們可能會被某些地方或事物所吸引，奠基在這些事物如何在無意識層面與我們起共鳴。隨著人類開始建造結構，他們模仿已經存在大自然中的比例和形狀，創造與他們起共鳴的環境類型。藉由理解如何構建這些，我們可以理解宇宙的更偉大設計。

神聖的形狀一直出現在巫術和異教傳統中，它們在表意識和無意識層面都擁有巨大的力量。最常見的幾種形狀如下：

- **圓圈**：許多現代巫術、異教儀式和典禮，都是在圓圈中進行的。圓圈是包容的形狀，在場的每一個人都同樣可以被看見和聽到。圓圈沒有開始或結束，代表統一和完整圓滿。
- **螺旋形**：從固定的中心點向外移動，螺旋意謂著前進和運動。當曲線纏繞之前的曲線時，我們看見循環重複，但是有空間和距離將它們分開，暗示得到了智慧和經驗。
- **三角形**：三位一體的表現。在基督教中，它是聖父、聖子、聖靈，而在新異教的圈子中，它可以是少女、母親、老媼。數字三在這裡也是意義深遠的，與重要的週期有關聯，例如：出生、生命、死亡；過去、現在、未來；開始、中間、結尾。
- **正方形**：一般而言，物質、形相、基礎的形狀。在一個正方形中有秩序、規律、平衡，所有線條都是相等而穩定的。它是與數字四有關的土系形狀，也對應於土、門道、實用、力氣。

- **迷路園與迷宮**：數千年來，人類為儀式、裝飾、娛樂創造了迷路園和迷宮。它們通常是用石頭鋪在地上，或是藉由切割草皮來塑造它們的形狀。迷宮是單行的——只有一條進去的路，一條本身蜿蜒又回環的曲折路徑，以及一條出去的路。迷宮可以有效地創造一種「意識的變異狀態」（altered state of consciousness），也適合在你走過它們時靜心冥想。使用「手指迷宮」（finger labyrinth）也可以達到同樣的效果，「手指迷宮」是迷宮的繪圖或模型，你可以用手指追蹤且獲得與走路相同的結果。迷路園（maze）是多條路的，這意謂著，它可以選擇路線，有多個入口和出口、以及死胡同。與其說它們需要靜心冥想，倒不如說更需要解決問題。在玉米田裡切割出或用稻草捆建造的迷路園，是北美地區收穫和萬聖節期間盛行的家庭娛樂活動。
- **探測術**：一種技術，你使用某項工具指出，你的心靈感應何時接收到你正在設法找到的某樣東西的信號。最常見的工具是鐘擺或探棒。這項工具的作用就像天線，挑選著使用者正在接收且微妙的身體和心智訊息。假使通靈能力存在的話，它屬於使用者，來自工具的反應承認且證實通靈能力。探測術可以用來找到丟失的物品、找到水源，或偵測在大地中發現的能量流（叫做「雷伊線」）。由金屬製成的探測棒（dowsing

rod）通常呈L形，而使用者輕輕地握住L的短邊，長邊則從攥著的拳頭延伸出去。設法確保探測棒可以自由地移動，而且可以在你面前交叉。接下來，也是最重要的，設定你的意圖。無論你想要找到什麼，都要在頭腦中有一幅非常清晰的畫面。然後開始緩慢而平和地四處走動。當你靠近你的目標時，探測棒會交叉。這可能需要些許練習，而且你可能需要重試，接近你的目標幾次，以便確認成功。擺錘以非常相似的方式運作，但是也可以用在地圖上方查找丟失的物品，或是用「是／否」回答問題。為此，你可以購買擺錘，或自製擺錘，用一根繩子，末端繫上小小一塊重物，或是運用上頭有吊墜的最愛項鍊。用你的慣用手握住擺錘，讓重物自由地擺動。從保持靜止的擺錘開始。若要「設定」你的擺錘，請閉上眼睛，全神貫注在你知道正確答案且確保答案是「是」的某個「是／否」問題上。睜開眼睛，注意擺錘擺動的方向——這就是你的「是」。現在再次這麼做，全神貫注在某個答案是「否」的問題上，然後確認擺錘以另一種方式擺動。對我來說，「是」是擺錘前後擺動，而「否」是左右擺動。要小心的是：不要沉溺於以這種方式獲得你所有的答案。這項工具只有在不被濫用時才有效。

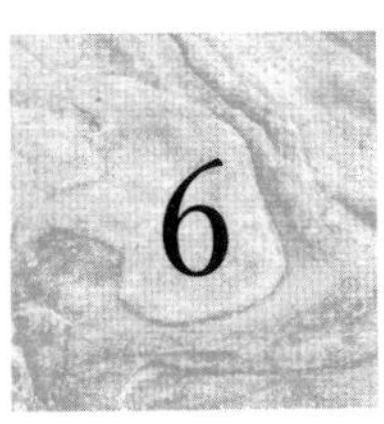

# 6 土系屬性的藥草與植物

縱觀歷史，女巫的形象一直與植物的魔法和藥用傳說交織在一起。幾乎每一種文化都提到與藥物打交道的智者，或是生活在社會邊緣、為社群其他人提供療法和藥物的人。這種植物的知識，來自於花時間研究以及領會來自植物界域的徵象和信號，以及來自於使自己調頻對準土元素所提供的安靜信號和訊息的智慧。

連結植物界域且與之一起運作的行為，是一趟土元素的體驗。雖然某些個別的植物可能與其他元素有關，但是那種利用植物王國的力量，以及連結到植物的靈和屬性的做法，無疑是土系魔法的顯化。專精於這條道路的某些修習者可能將這稱為「綠色魔法」或「綠色巫術」，而且將他們的精力投入到理解草藥學、療癒、以及藥用和魔法植物的栽培。

草藥學（herbalism）的修習是一條持續不斷的學習曲線，而且成為內行的草藥師是真心的承諾。因為草藥學是不受管制的產業，沒有統一的驗證流程，來斷定誰是或不是合格的草藥師，所以由個人決定是否盡可能地尋求最好的培訓和信息。許多地區都有維護標準，和提供行為準則的專業協會或同業公會。如果你感覺到專業草藥學是你的特殊呼召，明智的做法是找出這些信息，才能接受可能最好的教育。

在世界上許多地方，原住民社群是傳統草藥知識的守護者。努力了解你所在地區的知識管理者是誰以及他們與當地藥用植物的關係。在我居住的加拿大境內，人類與土地之間的關係之重要性，被嵌入在原住民的文化中。在整個加拿大，對於適當的使用和收割傳統藥草，不同的原住民族群有自己的協議和習俗。這些傳統結合對地球母親的由衷尊重與感謝恩賜藥草的體制。了解你所在地區的傳統藥材聚集地在哪裡，而且先尋求前輩的指引，再進入這些祖傳的地盤。有些區域可能是私人的，有些可能願意接待真誠且懂得尊重的訪客。

無論你是在偏遠的野外地區或自家後院收割，不分青紅皂白地採摘植物而且採摘的數量超出你的所需，那是絕對不能接受的。扯下植物的根部或砍掉整區植物群落是毀滅性且不尊重的。你可能需要偶爾收割一下根部，而這些可以小心翼翼地完成，挖出一些根部，同時完整保留群落的其餘部分，讓它可以在下一個季節重新長回去。總是要留下足夠的東西，才能確保植物可以成功地繁殖。如果你不確定如何做這件事，請多做研究，之後再重新嘗試。

雖然嫻熟掌握草藥學是巨大的承諾，但這並不意謂著你不應該在你的全部技能中，擁有一些久經考驗的治療方法。你永遠不知道你或你關心的某人什麼時候將會需要某個簡單的治療法，何況有一些簡單好用的實用食譜和技巧可以學習。把這些寫進你的日誌裡，而且記下你的草藥體驗的過程和結果。這些筆記非常有價值，可以日後再回顧。

## 野外採集

沒有什麼比用你親自種植或野外採集的新鮮植物，創造你自己的藥材更值得的東西了。帶著修枝剪和籃子漫步到樹林間或你自己的花園中，然後回家在你的廚房長桌上讓某些東西冒泡和釀造，這本身就有一股女巫的氣息。

野外採集是從植物的自然棲息地收割植物。這可以在有野生植物生長的任何地方進行。我住在一座相當大的城市中，時常沿著後巷遛狗。我驚嘆於這些小巷沿線、在地界線與人行道之間的裂縫中生長著許多藥用和食用植物。這座城市裡的空地、水道沿線、其他「無人地」，可以提供大量有意思且有療效的植物。

在你啟程收割任何東西之前，花些時間調查你所在的地區，了解一下有什麼生活在那裡。可以的話，出門散散步，替有趣的植物拍幾張照片。將你的照片用作日後研究的參考。詳細研究當地的植物群，確定哪些植物對你會是有用且實用的。野外採集很容易讓人忘乎所以，拿了多過你所需要的植物，或是採摘了你用不到的植物，然後浪費了。在你的日誌中，記下你找到的植物、它們的所在地、一年中你看見它們的時間、它們何時開花、何時播種。在你收割之前研究一下，而且在你出門採摘一些植物時，要設法確保你有時間騰出來處理它們。在你的日誌中記下植物的名稱、收割的時間、你用它製作什麼、什麼時候製作完成、你的產品結果如何。

當你找到想要收割的植物時，請先花些時間觀察它們。這個植物群健康嗎？它茂盛茁壯嗎？個別的植物看起來很強健還是暗淡且奮力掙扎？這是一個噴灑過殺蟲劑或除草劑的地區嗎？閉上眼睛，呼吸，聆聽周遭的聲音，注意你感覺到什麼或聽見什麼。這是適合收割的植物嗎？請求那株植物允許你收割它。如果剪掉它感覺不適合，那就不要剪。你的直覺可能會設法告訴你需要注意的事。

有一則野外採集的笑話說，「所有植物都是可以食用……一次的」。讓這句話提醒你，不要什麼都放進嘴裡，除非你百分之百確定它是什麼，確定它不會害你生病或殺死你。另一則冒牌神話是，如果你看見動物吃它，它對人類來說就是安全的。這並不正確。動物可以吃人類不能吃的東西，反之亦然。就像你可以沉迷於可能會害死你的狗狗的巧克力一樣，當地的小動物可能會吃些可以殺死你的東西。

查看一下你所在地區的園藝社、健行團體或荒野協會，找出他們可以提供的公開活動。我很幸運，我的家鄉有一位優秀的草藥師，而且他們整個夏天都提供草藥行和靜修營。只需支付合理的費用，我就能夠從他們多年的草藥學訓練中受益，而且了解生長在我家附近的藥用植物。我所住地區的當地健康食品店也有布告欄，我在那裡找到過有趣活動的公告，活動有時候由教會團體或環保組織贊助，有主講嘉賓講授從蝴蝶到蘑菇等一切事物。可能並不是每一個主題都適合你，但是我再怎麼強調也不為過：將你的學習視野擴展到異教宇宙之外，絕對可以豐富你的技藝。

## 收割注意事項

- 只收割你需要且你可以處理的東西。如果還有需要，總是可以回來再多拿些。
- 做好研究且確保你知道你正在收割的植物到底是什麼。
- 不要從受污染的地區收割植物，尋找沒有噴灑過化學殺蟲劑或除草劑的地區。
- 務必只從大而健康的植物群落收割。
- 收割植物時，務必只收割你需要的部分。如果你需要花朵，那就不需要將植物連根拔起。
- 務必覺察到當地的野生生物，以及當地野生生物可能造成的任何風險。
- 務必了解如何識別毒漆藤（poison ivy）、毒櫟（poison oak），以及你所在區域的其他危險植物。
- 絕不擅自進入。要尊重植物和它們生長的土地。
- 務必準備好收割所需要的設備。一把鋒利的修枝剪、一把鋒利的小型刀、小鏟子、一只籃子或布袋，以及必不可少的園藝手套。
- 絕不把一整片某種植物剪得一枝不剩。要讓大部分的植物群保持原狀，可以繼續繁茂茁壯。

- 不要收割罕見和瀕危的植物。

牢牢記住這些指南，到戶外看看什麼植物生長在你所在地區的荒野中。我最後的警告是，尋找和收集野生藥用植物可能會上癮。尋找的快感以及隨後製作自己的酊劑、浸劑、油或香脂的報償，是那麼的令人滿意。我的汽車手套箱內有小型收割套件。它是一副手套、一把瑞士軍刀、一把裝在布袋裡的修枝剪。你永遠不知道什麼時候會巧遇某樣有用的東西，而且是可以收割了。

## 回歸大地：製作堆肥

堆肥就是為你的花園提供更新。死亡、腐爛、更新是你的堆肥堆可以幫助你學習的功課。健康的肥沃土壤的清新、樸實、有機的香味，主要是由腐爛的氣味組成。當有機物質在土地上堆積時，它會分層堆積。乾枯的樹葉和枯死的植物體，落在活的東西的最上層，而活的東西又長在乾枯的死東西上。這一切全都一起分解，為在其中成長的更多新生命，創造豐富的生長介質。這是堆肥的魔力，很容易刻意地重新創造這種魔法來豐富你自己的花園。

首先，你需要決定要在哪裡製作堆肥。你可以用舊貨運棧板或廢木材建造堆肥箱。如果你走這條路線，務必確保木材是未經處理的，以免任何化學物質滲入你的新土壤。另一種選項是購買預製的堆肥箱。老式的方法是在院子裡挑一個不顯眼的角落堆成一堆。無論你選擇哪一種方法，要找到一個你容易進出的半遮蔭地點，有足夠的空間，在需要翻動或收穫堆肥的時候，你可以進入那裡用鏟子工作。我的放縱花園購物之一是，在一家別致的花園商店，花大錢買下那種「翻轉」式旋轉堆肥箱。它不太占空間，每當我把一些廢料倒進去時，可以輕易地旋轉幾下，翻動堆肥。它有良好的保溫功能，所以分解發生得相當快，每一季都為我帶來不錯的堆肥產量。

創造切實可行的堆肥堆非常容易。你需要三個元素：

1. **綠色：**這些是你的廚房水果和蔬菜殘渣、割下來的草、咖啡渣等等。這些東西提供你的堆肥需要的氮和水分，可以使你的堆肥變溫暖，加速分解過程。
2. **棕色：**把這想成乾燥的植物體。樹葉、碎報紙和紙板、碎片樹枝或小枝、鋸木屑

（要確保木材沒有經過處理），將為你的堆肥提供需要的碳。乾燥的物質也與潮濕的植物平衡，幫助你的堆肥保持濕氣，而不是濕答答。

3. **水**：你的堆肥可能需要不時喝點水。你希望它感覺起來像潮濕的海綿，不太濕，也不太乾。如果堆肥浸滿了水，它可能會變得有惡臭且令人噁心。如果它完全乾透，分解會減慢或停止。

你需要記住的下一件事情是比例。綠色和棕色應該以大約五〇／五〇的比例混合，才能維持良好的乾濕平衡。秋天時節，當我耙好從我的橡樹掉落下來的樹葉時，我把它們裝進那些大大的紙製草坪垃圾袋裡，而且放幾袋在我的堆肥旁邊。每當我將一桶廚餘倒入堆肥箱的時候，我會同時加入幾把乾樹葉。如果你沒有樹葉，那就保留你的草屑，或嘗試撕碎的報紙。有時候比例比五〇／五〇多一點或少一點，但只要是合理混合綠色和棕色，你應該會開始看見某些地方分解得很不錯。翻動混合物為堆肥帶來氧氣，加速分解的過程。堆肥的底層八成會準備好可以最先收穫。當堆肥是濃濃的深色時，就可以把它挖出來，然後篩出任何大塊尚未腐爛的植物體。健康的堆肥應該有森林地面的氣味，也應該有蟲子在堆肥裡。如果你在堆肥裡看見一些蠕蟲、潮蟲或螞蟻，別擔心，除非有某種蟲明顯地大批出沒。過多特定的蟲意謂著你的堆肥失衡了，可能需要添加較多的綠色或較多的棕色，然後給它更多時間分解。

幾則提示如下：

- 絕不要在堆肥中加入肉、骨頭或脂肪。它們會腐爛且吸引害蟲。只有植物性物質是最好的堆肥方法。
- 絕不要將寵物糞便添加到堆肥中！這些可能內含潛在有毒的有機物。此外，它實在很臭。
- 絕不要添加合成的東西。要移除掉香蕉皮上那些有塑料塗層的農產品標籤，避免使用有彩色墨水或光面印刷的報紙或紙板。有些茶包是用塑料網製成，因此務必檢查一下，設法確保放入堆肥中的茶包不是由塑料網製成。
- 絕不要將患病的植物加入你的堆肥中。疾病可以透過生成的堆肥傳播。
- 務必在廚房的操作台上放一只收集殘羹剩菜的桶子或容器。要時常清空它，避免吸引果蠅。
- 絕對要剁碎或切碎較大塊的物質，然後再將它們扔進堆肥中。這幫助堆肥更快速而輕易地分解。蛋殼非常適合你的堆肥，如果將蛋殼先壓碎，效果會更好。

- 收穫堆肥時，一定先要篩選，凡是還可以辨認的東西就扔回堆肥裡。篩選時不需要過分挑剔，只要用耙子或手指耙一下，挑出大塊的東西即可。

我必須承認，我被自己的堆肥迷住了。我享受照料和翻動堆肥，而且很愛餵它廚房的殘羹剩菜和乾燥的樹葉。而且是的，我得承認，我跟我的堆肥說話。收穫完成的堆肥並用它改善我的園圃，種植新的種子和幼苗，為花園帶來完整循環的體驗。去年的殘羹剩菜變成今年的食物和藥用植物。以這種方式照顧我的小花園，可以知道我已經對一家人產生的大量有機廢物負起個人的責任，那感覺起來非常充實滿意。

## 栽培自己的靈性花園

啟用一座花園（大或小均可）且基於魔法或藥用目的栽培自己的草本，是另一個選項。這可以如你所願的簡單，也可以如你所願的複雜。窗台上的盆栽植物，是開始這事的絕佳方法，而且可以有許多盆好好實驗。如果你有可以耕種的土地，一座草本植物園可以提供足夠與人分享的收成。

選擇在你的魔法和藥用草本植物園內種植什麼，可能是一項艱鉅的任務。從哪裡開始呢？挑選種植什麼應該以實用為動力。你實際上會使用什麼植物呢？這裡收錄了幾個實例，包括某些常見的烹飪植物和泡茶植物，以及它們的魔法對應關係，外加經典的「女巫植物」清單。烹飪草本具有多重用途的優點，可以食用，也具有非常有用的魔法屬性。茶類草本提供藥材、魔法的關聯以及一杯好茶。這可是三倍紅利啊！「女巫植物」不是種來吃的。某些女巫植物確實具有藥用屬性，但它們的主要目的是用於魔法，作為法術、藥劑、香或其他魔法工作元素的原料。

除非你已經對自己栽培和園藝技能很有自信，否則請從小處著手。選擇三種草本，好好關注它們。很容易變得忘乎所以，把整片草坪都挖開，每一種植物種上一株，然後領悟到你沒有時間或精力照顧。在你的日誌中記錄種植的時間，記下植物的生長進度。如果你是喝茶的人，挑選三種你最愛的茶類草本，種植它們，然後盡可能地了解它們。收割它們然後泡茶。如果你喜愛烹飪，不妨種植三種烹飪草本，觀察它們生長。在沙拉或炒蛋中加入新鮮的草本，讓這些簡單的菜餚變成特殊的東西。如果你對女巫植物相關的民間傳說有興趣，不妨試一試其中三種。這些可能比較難長大，而且往往需要更多的努力。我努力希望曼德拉草成功，它們就是不想在我的第三區氣候（zone 3 climate，譯註：指氣溫介於攝氏負三十四至負四〇度之間）中繁茂生長。冬天太極端了，這種多年生植物活不下來，而且它們似乎不喜歡被困在花盆裡，不喜歡在天冷時被移到室內。另一方面，芸香年復一年地回來，在夏天長得青蔥茂盛。

把經驗記錄在你的日誌裡，或是開啟一本園藝專用日誌。我喜歡記下重要的日期，例如我種植某樣東西的時間、發芽的時間、收成的時間。雨季或乾旱等天氣條件，有助於年復一年的回顧，春季解凍和霜凍的時間也有同樣的功能。最後一個提示，而且我很慘痛地學到了這個方法：草擬一份花園計畫，說明你在哪裡種了什麼。以多種植物啟用一座嶄新的花園實在令人興奮，但是到了明年春天來臨時，你的多年生植物開始冒出來，你可能會發現自己站著觀察小小的綠芽，想知道它到底是什麼。

# 烹飪草本

| 草本 | 魔法類型 | 生長紀錄 |
| --- | --- | --- |
| 羅勒（basil） | 愛——具有催情屬性。<br>可以將乾燥的羅勒增添到淨化調合香之中，也可以增添到繁榮幸運包之中。 | 在大部分地區是常年生植物。 |
| 月桂（bay） | 淨化和療癒混合香中的有效成分。<br>單獨燃燒可以促進栩栩如生的夢境和願景。 | 在大部分的氣候中，最好種在花盆裡。冬天時，把月桂盆栽放在室內，夏天時，則要避免陽光直射。 |
| 蒔蘿（dill） | 行星方面與水星有關——用於協助溝通、學習、解決爭端的法術。 | 耐寒，長得高，適合作為邊界圍籬，自然播種。 |
| 蒜（garlic） | 行星方面與火星有關。<br>在十字路口留下蒜球，作為獻給赫卡特（Hekate）的祭品。<br>在家中懸掛蒜編的辮子，可以擋開有惡意的靈和無用的能量。 | 容易種植，最好在秋季播種，來年夏季收成；真正屬於冥界的植物。 |

| 牛至（oregano） | 重量較輕、多花的牛至與金星和與愛情有關的魔法有關。<br>顏色較深、味道較苦的牛至有利於保護魔法。 | 牛至有許多品種，並不是全都適合烹飪；若要調味，不妨試試希臘牛至。 |
|---|---|---|
| 迷迭香（rosemary） | 古語有云：「迷迭香幫助記憶」——將乾燥的迷迭香加入香囊或符咒袋內，用於與學習或緬懷死者有關的法術。 | 迷迭香原產於地中海，需要溫暖、乾燥的環境。迷迭香最好種植在花盆裡，這樣在冬天氣候寒冷時，就可以搬進室內。 |
| 鼠尾草（sage） | 一種土元素草本；所有鼠尾草品種都適合扎根接地和淨化。為儀式燃燒鼠尾草，或烹飪時採用鼠尾草，那淳樸的香氣喚起舒適和安全感。 | 有許多品種，並不是所有鼠尾草都適合烹飪。 |
| 百里香（thyme） | 由於芳香的特性，百里香是一種與風元素有關的草本植物。<br>用於與驅逐負面思想和夢魘有關的法術和符咒，或是與「清理空氣」有關的任何魔法。 | 有許多品種，呈現各種顏色，不是所有百里香都適合烹飪。 |

# 茶類草本

誰不享受一杯熱熱的好茶？還是一杯清爽的冰茶？這是你可以從你的草本植物園收穫到的最簡單樂趣。

準備花草茶的過程非常簡單：

**使用新鮮草本：**每一杯沸騰的開水搭配一大匙剁碎的草本

**使用乾燥草本：**每一杯沸騰的開水搭配一茶匙乾燥的草本

草本植物可以鬆散的放進你的杯子或茶壺裡，然後用篩子濾出，或是你可以小心翼翼地啜飲，讓茶渣沉到杯底。或是投資一顆濾茶球，用草本填滿濾茶球，然後以這種方式浸泡花草茶。

實驗混合不同的草本，來創造自己的配製茶也很好玩。我的最愛是，一茶匙乾燥的檸檬香蜂草加一茶匙莫希托薄荷（mojito mint，都是尖尖滿滿的一茶匙），放進我的大馬克杯裡，加滿熱騰騰的開水以及大約半茶匙蜂蜜。對此沒有任何硬性規定，你可以實驗看看，如你所願製作濃濃的茶，在你喜歡的任何溫度飲用。最好一開始用沸騰的開水，然後如果想喝冷茶，再放涼；那樣可以更有效率地浸泡草本。

| 草本 | 魔法類型 | 生長記錄 |
| --- | --- | --- |
| 茴藿香（anise hyssop） | 保護——當作香或植物沿著地界線燃燒。<br>為茶增添一股溫暖的甘草味。 | 多年生植物；吸引蜜蜂和蝴蝶。 |
| 蜂香薄荷（bee balm） | 具鎮定和清理的功效——在執行占卜前飲用。<br>與風元素有關。為茶增添一股伯爵茶類的風味。 | 多年生植物；吸引蜜蜂。 |
| 貓薄荷（catnip） | 行星方面與金星有關。<br>用於愛情和生育力的法術。<br>貓薄荷茶有助於睡眠和鎮定神經。 | 薄荷科的一員；多年生植物且耐寒，易生易長。 |
| 德國洋甘菊（German chamomile） | 用於與夢、占卜、愛情有關的魔法很有效。<br>德國洋甘菊茶幫助睡眠和防止夢魘。 | 一年生植物；靠種子繁殖。 |

| 草本 | 魔法類型 | 生長記錄 |
| --- | --- | --- |
| 薰衣草（lavender） | 行星方面與水星有關。<br>將一把乾燥的薰衣草與一杯瀉鹽混合，可以製作療癒浴浸泡液。不妨把薰衣草當作淨化香燃燒。 | 有許多品種；因地區而不同。 |
| 檸檬香蜂草（lemon balm），蜜蜂花屬 | 行星方面與金星有關。<br>氣味芬芳，用於吸引浪漫與愛情的法術很有效。檸檬香蜂草茶使人開心且有輕微鎮靜的作用。 | 薄荷科的一員；多年生植物且耐寒，易生易長。 |
| 檸檬馬鞭草（lemon verbena） | 行星方面與金星有關。<br>用於愛情法術很有效，可以吸引潛在情人的關注。為茶增添新鮮而芬芳的檸檬香氣和味道。 | 可以長到十五公分高；需要溫暖的氣候才能茂盛茁壯。 |
| 益母草（motherwort） | 用於保護魔法，尤其適合孕期和新手媽媽和寶寶。益母草茶非常鎮定人心，而且有助於月經期和更年期的症狀。<br>請見297頁酊劑配方。 | 原產於歐亞大陸，被移植到北美；生長在闊限之地，值得栽培。 |
| 薄荷（mint） | 乾燥的薄荷用於療癒法術。<br>用薄荷油塗抹皮夾可以吸引金錢。<br>薄荷茶幫助消化且止吐。 | 多年生植物且耐寒，易生易長。 |

| | | |
|---|---|---|
| 異株蕁麻（stinging nettle） | 行星方面與火星有關。非常具保護作用的植物，用於防禦魔法。可以添加到玩偶和符咒袋裡。蕁麻茶是一種興奮劑，但是這種營養豐富的植物的最大好處來自於飲用浸劑。相關配方，請見292頁。 | 處理時戴上手套，蕁麻真的會刺人。乾燥過和煮過的蕁麻中和了這個問題。蕁麻在野外到處長，像雜草一樣，但是栽培起來很好用。 |
| 纈草（valerian） | 一種土系草本——收成部位為纈草根。添加到符咒袋內且放在枕頭底下，可以協助夢的工作。用作防止惡意巫術的護身符。纈草茶是一種輕微的鎮靜劑，用於鎮定和引發睡意。 | 原產於歐洲，移植到北美，是一種耐寒的多年生植物，只要有肥沃土壤的地方，就很容易生長。 |

## 傳統的「女巫植物」

這些植物因其魔法的屬性和對應關係，而被認為是女巫的神聖植物。它們的名字引人深思，出現在魔法文獻和魔法書之中。其中某些植物毒性極強，因此在實驗它們之前請好好研究一下。某些植物只能少量食用才安全。芸香就是其中之一，它可以煮熟，少量用在某些菜餚中。我喜愛種植芸香，而且學會了尊重芸香濃烈而有苦味的特性。我自己的經驗是，當我收割芸香時，裸露的肌膚上會輕微地起疹子，而且當我聞到剛剪下來的新鮮芸香時，我會心悸。我的女巫直覺告訴我，任何會引發心悸和疹子的植物，顯然都是防禦敵人或威脅的絕佳盟友。這不是慈善的植物，而是具攻擊性的守護者，防止植物界域被侵略。

花時間與植物相處並仔細觀察它的外觀，可以為它的魔法用途提供線索。當歸是高大的植物，長到兩公尺高。它在花園中若隱若現的存在，令人感到非常安慰且有保護感。當歸用於保護的符咒，粉末則可以擊退有惡意的巫術和邪惡。它具有烹飪的用途，而且很耐寒，可以好好地生長在遙遠的北方，在歷史上，它像蔬菜一樣被食用。當歸莖有時候在簡單的糖漿中煮沸，製成糖漬當歸。

我以前住在一棟房子隔壁，那房子被分成幾間小公寓。房東不住在那裡，但是他時常在那棟房子周邊，做著院子裡的工作，同時與他的房客和鄰居起爭執。他時常把房子租給個性相當不穩定的人，而這種組合導致了不少可怕的情況。我決定沿著分隔我們的房地產的籬笆，建立一道堅固的保護植物邊界。當歸、附子屬、芸香、天仙子全都投入工作，借用它們攻擊、有時候有毒的天性，來庇護我的住家免於隔壁不斷的一系列麻煩。儘管我們從籬笆上方目睹了那些事，而且好幾次不得不打電話給警察或消防隊，但是卻從來沒有任何那樣的麻煩實際上湧進我們家的院子裡。

| 草本 | 魔法類型 | 生長記錄 |
| --- | --- | --- |
| 當歸（angelica） | 保護、驅邪——將乾燥的當歸葉與鹽混合，撒在房子周圍，可以阻擋有惡意的魔法。 | 耐寒，長到一．八公尺高。 |
| 顛茄（belladonna/deadly nightshade） | 有害的魔法：星體投射。飛行藥膏（flying ointment，譯註：一種致幻藥膏）中的傳統成分。 | 有毒：絕不要攝取；處理的時候要戴手套。 |
| 毛地黃（foxglove） | 有害的魔法：占卜魔法。一種林地的多年生植物，可以用來吸引小仙子。 | 有毒：絕不要攝取；處理的時候要戴手套。 |
| 天仙子（henbane） | 有害的魔法：出神工作；與死者溝通。天氣魔法——在乾燥的天氣裡種植，可以吸引雨水，或是將乾燥的天仙子葉扔進水中，可以讓老天下雨。飛行藥膏中的傳統成分。 | 有毒：絕不要攝取；處理的時候要戴手套。 |

| 草本 | 魔法類型 | 生長記錄 |
| --- | --- | --- |
| 牛膝草（hyssop） | 一種在許多傳統中都使用的強效淨化草本。將一小撮牛膝草加入一碗水中，用於在儀式上滌淨儀式空間和參與者。注入橄欖油可以製成萬用膏油。 | 高大而豔麗，有吸引蜜蜂和蜂鳥的小花。 |
| 曼德拉草（mandrake） | 有害的魔法。<br>用於符咒袋或玩偶，祈求生育力、愛情、保護。獻給女神赫卡特的聖物。 | 有毒：絕不要攝取；處理的時候要戴手套。 |
| 附子屬（monkshood） | 一種高大、美麗、致命的植物，是女巫花園的典型植物。<br>有害的魔法。<br>種植附子屬可以向上古的衆神和冥界致敬。飛行藥膏中的傳統成分。 | 有毒：絕不要攝取；處理的時候要戴手套。不要種在食用植物附近。 |
| 艾蒿（mugwort） | 行星方面與金星有關。<br>使用艾蒿來輔助所有的占卜練習。將艾蒿當作香燃燒，可以增強靈視力。用新鮮的艾蒿擦拭凝視占卜鏡和水晶球，可以擴大它們的力量，將乾燥的艾蒿撒進裝滿水的凝視占卜碗中，可以得到更明確的訊息。 | 可以長到兩公尺高且變得相當濃密，所以要在你的花園裡為它騰出空間。 |
| 玫瑰（rose） | 行星方面與金星有關。<br>在所有與愛情和激情有關的魔法中，都大量使用玫瑰。沐浴在玫瑰水中可以強化自愛。 | 有許多品種的玫瑰，全都攜帶相同的魔法屬性。 |

| 芸香（rue） | 這種強烈的草本與火元素對應，而且行星方面與火星有關。使用芸香祈求積極且具攻擊性的保護，防止魔法和世俗的干擾。 | 在大部分的氣候中，都長得很好。一旦立足好，它可以長得相當茂盛和濃密。 |
| --- | --- | --- |
| 馬鞭草屬（vervain） | 火星和金星分別表示戰爭和愛情，而馬鞭草屬的行星關聯則在火星與金星之間變動；用於與這兩種事有關的法術都是有裨益的。<br>用於泡茶可以達到鎮定的效果，也可以用於鎮定局勢的法術。 | 馬鞭草（verbena）科的成員。在比較涼爽的氣候中長得很好。吸引蜜蜂和蝴蝶。 |
| 中亞苦蒿（wormwood） | 行星方面與火星有關。<br>當作香燃燒可以增強靈視力和占卜力。 | 在北美和歐洲野生生長，但是值得栽培一區，確保正常供應。 |
| 蓍草（yarrow） | 蓍草是女巫花園必不可少的植物，它有許多藥用和魔法用途。添加到祈求愛情的符咒袋和法術中；將乾燥的蓍草扔在你家門口，可以防止負面能量進入你的家。<br>用乾燥的蓍草、檸檬汁、蜂蜜製茶，可以退燒。蓍草茶也幫助消化，抗痙攣，協助度過月經不適；如果懷孕，請勿使用。 | 蓍草在大部分的氣候下是多年生植物，一旦立足好，就變得很有侵略性。 |

## 關於有毒植物的注意事項

就連看起來無害的植物，也可能對人或動物造成真正的傷害。植物王國中有害和有毒的成員可以是強大的盟友，值得被納入我們的魔法中，但是這並不意謂著，我們在處理它們時要不尊重或麻木不仁。處理這些植物時，務必留心警告且戴上手套。睿智的女巫是小心謹慎的，而且謹記——使它們變得危險的屬性，也使它們變得有效。

## 薰香的使用

在儀式中使用香通常被歸因於風元素，但是香和製作香的某些面向，卻非常容易喚起土元素。香通常是由樹脂製成，而樹脂收成自樹木、花瓣、草本、芬芳的木材。這些之中的每一個都有自己的魔法和元素關聯。為了經由風元素將土元素帶入你的魔法，以下有幾則草本和樹脂香的建議：

- **琥珀**（樹脂）：真正的琥珀香是由化石樹脂製成，就跟用在珠寶中的琥珀一樣。琥珀混合香是由各種不同原料組成的化合物，可以「白色或深色琥珀」、「蜂蜜琥珀」或「金琥珀」等名稱出售。真琥珀和混合琥珀都與愛情、性、療癒魔法有密切的關聯。

- **勃艮第樹脂**（樹脂）（**Burgundy pitch**）：採自歐洲雲杉（European Spruce 一種常綠喬木），這種深邃的森林香味有利於繁榮、療癒、保護魔法。
- **艾蒿**（草本）：艾蒿對應土元素，與月球有行星方面的關聯。這種植物使我們能夠在進行出神工作、夢的工作、占卜或星體投射的時候，保持扎根接地。使用艾蒿煙霧可以滌淨你的占卜工具，並為它們重新增添能量。
- **橡木苔**（**oakmoss**）（真菌）：這個地衣（lichen）物種主要生長在橡樹上，但是也可以在其他落葉樹、冷杉、雲杉樹上找到。在商業性的香水、肥皂、有香味的油之中，橡木苔是常見的成分。它幽暗、濃郁、潮濕的森林氣味，有益於運氣和金錢法術，也有利於扎根接地。
- **廣藿香**（草本）：一種永遠與嬉皮運動有關聯的香味，廣藿香是一種草本、木質的香味，深具感性。努力找到高品質的廣藿香來運作是值得的，因為便宜的廣藿香往往是合成的，而且聞起來有化學氣味。廣藿香的催情特性，使它成為性魔法和愛情法術的完美選擇。燃燒廣藿香可以與土系元素精靈交流，也適合與繁榮和金錢有關的法術。

- **蘇合香**（storax：樹脂和樹皮）：具強烈香味，用在古埃及和美索不達米亞（Mesopotamia）的葬禮中。進行與冥界或引魂者工作有關的魔法時，燃燒蘇合香是有裨益的。蘇合香的元素是土，它的行星關聯是月亮，因此它是適合在占卜（尤其在暗月時期）和夢的工作期間使用的香。
- **香根草**（vetiver：根部）：這種土元素植物與水星有關，那賦予它鎮定、平衡的特性，也有助於罹患神經問題和病理性重現的人們。香根草用於愛的魔法（尤其是同性之愛），也可以用香根草吸引金錢和驅逐小偷。

你可能也會遇見作為「土系混合香」出售的香。這些是由各種原料混合而成的，創造出淳樸的香味。買家要小心，因為許多商業上的香，是由合成或化學化合物製成的，這些不只在魔法上具有惰性，而且有異味，有時候甚至令人作嘔。在商店購買香的時候，要閱讀標籤，找出其中的成分，選擇有完全天然成分的混合香。一旦你知道合成香與天然香之間的差異，就很難再使用合成香了。

## 好好種，快快長！

上面提出了關於各種植物的信息，等於是介紹許多不同的方法，讓你可以認識植物並將它們納入你的魔法之中。我們被植物王國包圍著，然而多數人卻斷離了植物可以為我們的生活增添的營養、藥用、靈性功能。

了解植物（可食用的植物、藥用的植物、有害的植物）使你有力量成為女巫，增加你的魔法資源，但是它也使你重新連結到生長的季節，以及連結到自然世界。如何搜尋野生食材和藥材的作業知識，是實用的生存技能，也是當代西方文化中幾乎已被完全遺忘的傳統。隨著世界不斷改變以及全球的不確定性增加，我們自己和我們的社群（包括魔法和世俗方面）都有責任，要確保為了人類健康和糧食安全的緣故而學習這些技能，並將這些技能傳遞下去。

## 樹木魔法

人類與樹木之間的關係，是一種深邃而親密的關係，即使我們沒有體認到它的存在。除了我們對樹木的物質依賴（樹木提供用來建造的木材和溫暖我們的木柴），樹木還為我們的生活提供最必不可少的成分——我們呼吸的空氣。它們釋出的氧氣進入我們的肺部，在細胞層次上滲透到我們的身體裡。我們呼出的二氧化碳被吸收回到樹木之中，給予樹木生命。以一種非常真實的方式，我們所做的每一次呼吸，都與樹木一起。

樹木的根向下伸入大地，樹頂在上方高高擴展，樹木連結大地與天空。它們是將土元素連結到風元素的柱子。樹木發出的聲音來自它們與空氣的互動，以風的形式，使樹葉沙沙作響或使樹枝搖曳生姿。每一棵樹木都和你個人一樣獨特，它們的樹皮和樹枝的圖案就跟指紋一樣獨特，然而我們往往對它們視而不見。

我曾經做過一項實驗，看看我生活周遭的人們是否可以看見樹木。當時，我住在一條綠樹成蔭的街道，完全被非常高大且顯而易見的榆樹包圍著。在兩三週的時間內，我請每一位來到我家的客人從前窗看出去，然後告訴我他們看見了什麼。我的嘉賓名單包括家人、朋友、女巫團的同伴，以及一位同事（當時我們正在合作拍攝一部關於樹木的影片）。一看到戶外，每一個人都會評論視野範圍內的其他房屋、汽車、人或動物，但是沒有一次提到樹木。我對此感到很好奇，如此重要的角色居然會被忽視，但是我把這當作提示，提醒我們太過於將樹木視為理所當然，以及與人們談論樹木並將它們納入我的日常生活和我的魔法修習，是多麼的重要。

## 世界之樹

在許多文化中，樹木的象徵被用來代表世界之軸（或世界的中心），在此，所有層級的存在全都會合在一起。世界之樹的根向下滲透，到達冥界，那是黑暗和祖先們的界域。世界之樹的樹幹代表「中間世界」的堅實界域，也就是我們當前的實相。世界之樹的樹枝觸及天堂，或「上界」，也就是「聖靈」的界域。世界之樹被視為智慧之地和知識的源泉。

在北歐神話中，世界之樹是Yggdrasil，它是一棵巨大的白蠟樹。在這棵世界之樹之內有九大界，可以說是神明、元素、超自然生物、人類的世界。這棵世界之樹是奧丁（Odin）為了達到開悟而豎立起來的樹木。在佛教傳統中，佛陀正是坐在一棵名叫「菩提樹」的無花果樹下靜心而達到開悟的。

對樹木的理解，為我們提供一種可以被普遍理解的語言，來描述人類的狀況。作家菲利普・赫塞爾頓（Philip Heselton）在他的《魔法的守護者：探索樹木的本質與精神》

（*Magical Guardians: Exploring the Nature and Spirit of Tree*）一書中說道：「樹木所具有的品質，包括長壽、內在的實力、柔韌性、再生的能力、它們連結大地與天空的方式，使它們特別適合充當有助於理解我們周圍宇宙的象徵。」[4]

## 歐甘字母

這套古老的字母表，是由一系列沿著一條中心線延伸的標記構成。它被用來書寫古愛爾蘭語，以及威爾斯語或皮克特語（Pictish）等布利索尼亞支語言（Brythonic languages）。歐甘字母（Ogham）有時候也被稱作「凱爾特樹字母表」（Celtic tree alphabet），因為每一個字母都是以樹木或植物命名的。最初的字母表包括二十個稱作 *feda*（樹）的字符，而且被分為四組，叫做 *aicme*（組）。第五個 *aicme* 最終在大約第六世紀的某個時間被新增至歐甘字母。歐甘字母的起源很難確定，而且至今尚未找到這個問題的明確答案。

最早使用這套字母表的實例，可以追溯到西元第三世紀左右，被發現雕刻在整個愛爾蘭和大不列顛西部的立石上。我有機會參觀了位於科克郡的「貝利克若文歐甘石」

（Ballycrovane Ogham Stone），而且期待這塊石頭可以保有某種深邃的靈性訊息。這塊石頭本身被認為是歐洲境內最高的石頭，矗立高度五．三公尺。立石的時間早於歐甘字母訊息被刻在石頭上的時間，因為它最初是在青銅時代豎立起來的，而後來刻在上面的訊息可以翻譯成：「出自德赫（Deich）的兒子，托倫（Torainn）的後裔」。並不是我一直期望的古代異教信仰的深奧訊息，而是一次重要的現實查核，查核出：來自過去的每一件事物，不見得需要是深奧的才是重要的。這塊石頭就跟許多其他刻有歐甘字母的石頭一樣，似乎是一座界標或紀念碑。或是就跟我的導遊驚呼的那句話一樣：「這是一份好大的石頭報紙耶！」

在《白衣女神》（*The White Goddess*）一書中，羅伯特．格雷夫斯（Robert Graves）提出歐甘字母的字符，對應於凱爾特樹曆的概念。這份樹曆從十二月二十四日開始，而且包含十三個二十八天的週期。這留下額外的一天，也就是十二月二十三日，有些人相信，這是「一年零一天」之中提到的額外的「一天」：

---

註❹：Philip Heselton, *Magical Guardians: Exploring the Nature and Spirit of Trees* (Chieveley: Capall Bann, 1998), 57。

1. 樺樹（birch／歐甘文：Beith）：12月24日至1月20日
2. 花楸（rowan／Luis）：1月21日至2月17日
3. 白蠟樹（ash／Nion）：2月18日至3月17日
4. 榿木（alder／Fearn）：3月18日至4月14日
5. 柳樹（willow／Saille）：4月15日至5月12日
6. 山楂樹（hawthorn／Uath）：5月13日至6月9日
7. 橡樹（oak／Duir）：6月10日至7月7日
8. 冬青樹（holly／Tinne）：7月8日至8月4日
9. 榛樹（hazel／Coll）：8月5日至9月1日
10. 葡萄藤（vine／Muin）：9月2日至9月29日
11. 常春藤（ivy／Gort）：9月30日至10月27日
12. 蘆葦（reed／Ngetal）：10月28日至11月24日
13. 接骨木（elder／Ruis）：11月25日至12月22日

這份樹曆，還啟動了一種受到凱爾特人啟發且已被某些新異教徒採用的占星術。格雷夫斯提出的這些建議有待商榷，但它們確實有吸引力，而且有一些適合許多人的實際應用。

歐甘字母最常見的現代用法，是用於占卜的目的。你可能會看見畫在塔羅牌或神諭卡上或一套歐甘木棍上的歐甘字符。這些木棍要麼全部由同一類型的木材製成，或每一根都由字符得名的木材製成。木棍被切成十至十二公分的長度，剝去樹皮，用砂紙打磨；然後每一根刻上一個歐甘字符。一套木棍通常包含所有二十五個字符，加上一個額外的空白字符。有許多方法可以解讀這些木棍。一種簡便方法是將它們放入一只束口袋內。當你想要卜出一個問題的答案時，就抽出三根木棍，將它們扔到你面前的平坦表面上。你的訊息將會取決於：你與那個樹木或植物名稱的關聯、以及木棍如何掉落彼此之間的關聯。

## 森林浴

在日本，森林浴被認為是預防保健的有效成分。森林浴翻譯成英文是 forest bathing，它是一種被廣泛接受和指定的方式，可以減輕日常生活中的巨大壓力，改善日本居民的健康。東京日本醫科大學（Nippon Medical School）的科學家們做了研究，確定現代社會中有一種大自然缺失症，而且發現，在森林中消磨時間，呼吸充滿樹木釋出的大自然懸浮微粒的空氣，不僅釋放緊張、壓力、焦慮，而且增強免疫系統。這項研究促使日本林野廳在日本各地創建和維護官方森林治療步道，加上規劃在這些工程中創建更多的步道。

森林浴與其他林間漫步有何不同呢？嗯，我猜，那取決於你通常如何在樹林裡走路。為了充分利用你花在樹林裡的時間的醫療效益，要讓你的所有五種感官引導你。下次你在林區的時候，不妨試試以下方法：

- 將你的手機、相機、其他科技產品留在身後。我們都喜愛拍攝漂亮的大自然照片，但是現在不是時候。只要臨在即可。
- 不要規劃路線，只是步行，而且要准許自己漫遊和探索。
- 觸摸樹木的樹皮，聞聞花的香氣，抬頭看看森林的樹冠層，仔細聆聽鳥叫。如果某樣東西引起你的興趣，花些時間好好欣賞它。
- 改變你的視角，調整你的視線。坐在地上，站在樹樁上。當你以不同的方式觀看事物時，有什麼改變呢？好好檢查林地，不批判評斷，而且讓你的思緒漫遊。

- 深呼吸，吸入空氣，直達肺的底部。

## 如何種樹？

我們的星球正處在一個臨界點。全球的氣候變化正發生在我們眼前，情況之嚴峻可能是令人不知所措的。很難不感到無能為力且無法做任何事情來幫忙阻止（或是至少減緩）迫在眉睫的危機。所以，我提供你這個：你可以做些相當令人充實滿意且在生態上很重要的事，而且你只需要一小塊土地和一把鏟子——你可以種樹。

- **步驟一**：從當地苗圃挑選一棵樹，而且請考慮選擇當地的原生樹種。原生樹木最有可能茂盛茁壯，而且將會幫助重建當地的自然生態系統。它們也為當地的野生生物提供必不可少的棲息地和食物。好好看一看你的空間，設法確保你種的樹長大了，也適合這個空間。你想要這棵樹做什麼呢？一棵常綠樹可以全年提供遮蔭；果樹會在春天開花，夏天結出果實。橡樹很漂亮，但是生長速度緩慢。好好想想，在這個空間裡，種什麼樹木效果最好，而且對環境最有裨益。

- **步驟二**：將樹苗運送到種植地點時，要儘量減少對樹苗造成的壓力。運送期間，用粗麻布或毯子把樹苗包裹起來。要確保樹枝是受到保護的，而且球根是在花盆裡，或是至少仔仔細細地包裹好，不要讓球根完全乾掉。如果把樹苗運送到種植地點時，卻不能及時種下去，要將樹苗立好，保存在陰涼處，而且確保不斷為它澆水。
- **步驟三**：準備好種植地點。挖一個坑洞，和球根一樣深，寬是球根的二到三倍。挖出在坑洞底部和側面的土壤，使土壤鬆散，樹的根部容易成功深入大地。
- **步驟四**：挖一些堆肥放進坑洞內，加入一些骨粉肥料。你可以在大部分的花卉市場買到這個，或是你可以扔一些洗乾淨且切碎的牛肉湯骨頭。骨頭內含磷，將會真正幫助根部發育和確立。不要過度使用肥料或額外的土壤改良劑。如果土壤盡可能地接近天然，樹木就會長得更好。
- **步驟五**：小心翼翼地把你的新樹放在坑洞附近，將它從容器內倒出來。設法確保樹苗在坑洞中是垂直站立的。球根的頂部應該要與地面齊平。根部與樹幹相會的那個點需要位於或略高於地面。樹苗埋得太深可能會導致樹苗腐爛。
- **步驟六**：用泥土填滿坑洞，輕輕下壓，消除氣穴，而且確保這棵樹木在它的新家中是安全的。在樹幹基部周圍留下一點凹陷，可以收集水。

## 照顧你的新樹

種下新的植物後，要立即澆水，每週至少檢查一次，設法確保周圍的地面微濕。二或三大桶水應該可以達到目的，或是你可以在樹木基部附近留下一根緩慢滴水的花園軟管，持續讓水慢流十五至二十分鐘。如果水匯集且沒有吸收進入地下，你的樹木可能會吸收太多的水。

樹木基部周圍的一些天然護根層，將會真正幫助保留水分和控制雜草；只要記得在護根層和樹幹之間留出大約八公分的空間——護根層堆得太近可能會導致樹木腐爛。至少三年內不要修剪你的樹木，除非它有受損的樹枝或得病了。讓它盡可能地自然生長。除非你把樹木種在風大的地點或陡峭的斜坡上，否則不用擔心用木樁支撐。如果你必須用木樁支撐，請設法確保隨著樹木的生長移除木樁。

## 土系力量的樹木

雖然所有樹木都與大地有著明顯的連結，但是生長緩慢的硬木和結出果實（尤其是堅果）的喬木更具體地代表土元素。

- **蘋果樹**：幾乎所有蘋果樹的果實，都為人類和動物提供食物和豐盛。長久以來，蘋果樹一直與魔法和巫術有關，在世界各地的神話和傳說中，蘋果樹一直是禁忌知識和不朽的象徵。北歐女神伊登（Idunn）將魔法蘋果餵給眾神，讓他們永保年輕。《聖經》中亞當和夏娃偷吃的禁果被認為是蘋果，那是害他們被逐出伊甸園的點心。當我們將一顆蘋果從中間橫切開來，揭露種子在裡面形成的五角星圖案時，我們會想起蘋果與土元素的連結。
- **櫻桃樹**：由於筆直的紋理和光滑的質地，櫻桃樹的硬木是精細木工和建築的理想材料。隨著年齡的增長，櫻桃木的顏色和光澤會變得更深、更濃、更吸引人。在日本，一年一度的節慶慶祝櫻桃花盛開。短暫而美麗的櫻桃花被當作出生、死亡、更新的象徵來慶祝。櫻桃樹的果實提供營養，而木材可以有效驅逐邪靈。

● **可可樹**：神聖的可可樹為我們帶來最能讓一切舒適持久的其中一種食物——巧克力。這種植物的拉丁名稱是 *Theobroma cacao*。Theobroma 可以翻譯成「眾神的食物」，而 cacao 則源自於阿茲特克語，意思是「苦水」。在哥倫布發現美洲大陸之前的時代，可可豆被中美洲人民用作貨幣。它也與死亡、重生、繁殖力有關。喝巧克力的儀式，被用來締結婚禮安排以及確保這對夫婦的生育能力。因為可可交易帶來的繁榮，使可可樹成為權力和財富的象徵。

● **常春藤**：有時候被稱作英國常春藤（English ivy）或普通常春藤（common ivy，學名：*Hedera helix*），不要將這種木質的常綠植物，與北美的毒漆藤或爬牆虎（Boston ivy）混為一談。常春藤原產於歐洲、西亞、北非，而且在它決定扎根的任何其他地方，都可以被視為入侵物種。常春藤並不是你所熟悉的喬木，它可以長到九公尺高，而且可以為了支撐而爬上其他樹木或牆壁。它們不是寄生植物，而且它們的附著並不會傷害宿主樹木。成熟的常春藤產生波浪狀的木材，非常適合製作魔杖來運作土系魔法。羅馬酒神巴克斯往往被描繪成戴著常春藤冠冕，據說可以防止醉酒。常春藤常被用於新娘捧花，因為人們認為它也可以提高生育力。

● **橡樹**：目前世界上發現的這種生長緩慢的硬質樹木，估計有兩百種。儘管使用困難，但是這種木材還是因強度和耐久性而備受推崇。橡樹被凱爾特人譽為「森林之王」，他們稱之為「杜爾」（Duir），而且這是「德魯伊教僧侶」（Druid）這個字的字根。橡樹曾與某些最著名的神明有關。希臘人將它與宙斯關聯在一起，北歐人將它與雷神索爾關聯在一起，高盧人則將它與雷神塔拉尼斯（Taranis）關聯在一起。橡樹提供橡實，而橡實象徵看不見的和無限的潛力，擁有成為最強大的樹木的能力。一棵成熟的橡樹每年可以結出多達兩千顆橡實，但是只有萬分之一的橡實會長成一棵成熟的橡樹。橡樹使我們想起毅力、耐心、奉獻等土系品質。

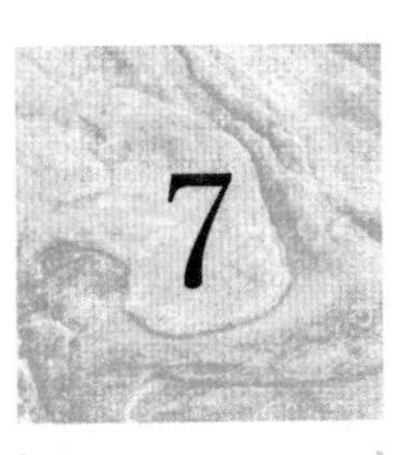

# 土系屬性的水晶與礦石

描述我們在魔法和靈性實務中使用的水晶和岩石的語言，可能有點混亂。「水晶」這個詞時常被用作來自「岩石」王國的任何東西的總稱。理解這些名稱之間的區別，且思考它們的含義可能會有所幫助。

在科學上，水晶是一種自然形成對稱形狀的固態物質，有光滑的表面以及以有秩序的模式重複的角度。岩鹽是水晶，鑽石也是。

寶石通常是結晶的礦物，稀有、耐用，經過加工，為的是鑲嵌在珠寶或其他裝飾品之中。紅寶石、祖母綠或鑽石之類的水晶礦物，因它們的清澈和品質而入選，而且極受歡迎。並不是所有寶石都是水晶。有些岩石，例如青金石，是經過切割和拋光才成為寶石的，有些則是變成化石的有機物質，例如琥珀和黑煤玉。

化石是某樣東西的石化遺骸或印記，這東西曾是活著的有機生物體。化石的實例包括琥珀、菊石（ammonite）、石化木（petrified wood）。

岩石（rock）和礦石（stone）有區別嗎？這些詞往往可以互換使用，但我發現，方便的是，把岩石想成是粗糙的、在野外？而礦石則是讓人類開採或使用的（想想石灰石採礦場或療癒石）。

人們很容易忘記，這些珍貴的礦石是地球本身的一部分，也是一種自然資源。它們是在地球誕生時形成的，也是由千萬年的壓力、高溫、碰巧創造出來的。一旦它們離開大地，就不會再長回去。每一種類型的礦石都有自己的故事，而且反映出開採這類礦石的地方之發展。

## 環境問題和道德標準

在二十一世紀的前二十年間，人們對水晶的興趣和需求猛增。引領潮流的名人介紹廣大的消費大眾認識水晶的療癒力量，催生了價值數百萬美元利潤豐厚的利基市場。對水晶和礦石的興趣爆炸式增長，促動了一個不受法規約束的產業，因此很難清楚地確定到底這些礦石是如何從大地裡提取出來的，以及誰正在做著這份工作。

被開採出來的絕大部分水晶，是工業開採貴重材料（通常是金或銅）的副產品。為了取得這些商品，產業的礦工們會用化學物質污染環境，用炸藥或專門開採露天礦的機械將整片土地挖開。在世界各地，關於環保做法或勞工實務，採礦業並沒有遵守相同的規則。舉例來說，在加拿大和美國境內，至少有政府法規可以追究業者的責任，但是在許多這些珍貴礦石藏量豐富的國家，情況並非如此。馬達加斯加和剛果民主共和國都是大量出口紫水晶、拉長石、黃水晶、碧璽等新時代商店最愛的國家，然而卻沒有同樣的監管措施。工人們暴露在危險的環境中，他們挖出貴重的礦石，卻得到極其微薄的報酬，而且童工很常見。

下一類型的水晶開採，並不是作為採礦的副產品，它來自小型經營者和家族企業，這些人從事繁重的體力勞動，在通向消費者的供應鏈中，通常獲得的報酬最少。大部分實際銷售這些礦石的零售商，無法保證確切知道他們的商品是如何開採的，除非他們親自到源頭直接購買，而這並不總是切實可行的。每年最大且最受歡迎的水晶和礦石貿易展，在亞利桑那州土桑市（Tucson）舉辦，而北美商店和其他地區的大部分礦石都是透過這裡供貨的。

我造訪了一位朋友，她經營一家商店，出售珠寶製作用品、半寶石珠子、水晶。她確實親自去到巴西、馬達加斯加、印度等地的小型經營者那裡，親手挑選她的水晶。她的經驗是，這些礦工的工作很像小型的家庭農場，家中每一個人都參與礦石的開採。在她造訪過的許多地方，人們非常貧窮，而採礦是最容易取得的自然資源，可以為家庭提供不斷的收入來源。若要改變這套系統，整個國家和文化都需要改變，而且沒有切實可行的方法，可以在一夜之間做到這事。

關於我們使用的水晶，有道德考量，而深思熟慮並決定我們將如何處理這個課題，取決於我們每一個人。我們購買的許多產品也隱藏了環境的後果，從手機到我們吃的食物和穿的衣服，每一件事物的出現，都付出了某種未經深思熟慮的代價。作為奠基於土的靈性道路的追隨者，我們能夠做到的最佳狀況是，意識並覺察到這個事實，然後好好做些研究，了解一下我們正在考慮購買的東西。

在不支持新物質的商業開採的情況下，還是有許多方法可以收集水晶和礦石，但這確實需要更多一些的努力和研究：

- 古董店、房地產銷售、跳蚤市場，往往可以找到一些驚人的發現。

- 睜大眼睛，尋找鑲有有趣礦石的二手店珠寶。如果你不喜歡那樣的鑲嵌法，可以把礦石取下來，以你喜歡的方式使用它。
- 檢查一下你家附近的礦山和採石場，它們提供參觀和挖掘自己的礦石的機會。這可是與孩子們或女巫團一同出遊的大好日子。
- 在你家附近與其他魔法族群舉辦一場「礦石交換會」，這可能是一場好玩的活動，大家把沒在用的礦石和水晶帶來，用它們交換新的礦石和水晶。
- 試試看你家附近野外的當地岩石，用它來代替花俏的水晶。藉此機會好好了解一下當地的地質情況，也找出它可以在你的修練中如何發揮作用。

## 土系礦石清單

雖然所有的岩石、水晶、寶石、礦石都是地球實體的一部分，可以很方便地在魔法中代表土元素，但是其中某些具有更密切的象徵性關聯：

- **瑪瑙**（agate）：種類繁多，並不是所有瑪瑙都與土元素有關。一般而言，瑪瑙是一種平衡與和諧的礦石。它可以增強自信，支持個人的幸福感。它療癒憤怒、苦澀、心碎之類的負面情緒。某些類型的瑪瑙是不折不扣的土系礦石：

- ○黑瑪瑙（Black Agate）和白瑪瑙（White Agate）：平衡與讓自我扎根接地的好選擇。當瑪瑙佩戴在身上時，它保護身體，免於傷害。
- ○樹枝瑪瑙（Dendritic Agate）：Dendritic 的意思是「像樹木一樣分枝」，這因此產生它的另一個名字「樹瑪瑙」（tree agate）。它是一種與大地和植物連結的能力有密切關聯的礦石，它增強穩定性以及根深柢固感。
- ○綠瑪瑙（Green Agate）：一種善於接受、令人鎮定的礦石，有助於解決爭執以及輔助決策的制定。
- ○苔蘚瑪瑙（Moss Agate）：這塊礦石內的蕾絲狀綠色圖案很像苔蘚，讓人聯想到大自然和森林。對於與植物或農作物共事的人們來說，苔蘚瑪瑙是有裨益的礦石。它吸引財富和豐盛，也有助於罹患抑鬱症或心智障礙的人們。

- ●**變石**（Alexandrite）：為佩戴者帶來愛和創造力的幸運石。它很稀有，可能花費不少錢才能取得。用在創造力和顯化的法術非常有效。
- ●**貓眼石**（Cat's Eye）：這塊礦石將會改善你的直覺和感知力，也因此，在考慮投資或賭博的時候，貓眼石大有助益。貓眼石確實很像貓的眼睛，所以，它適合用作改善眼睛健康的護身符，或是用於「看穿黑暗」的法術。貓眼石與金牛、處女、摩羯等星座有關。

- **煤**（Coal）：一種非常不起眼的化石，煤與住家和爐床的舒適有關，與好運和金錢法術有密切的關聯。口袋裡裝著一塊煤會吸引金錢來取代煤。

- **祖母綠**（Emerald）：它是最受歡迎的昂貴寶石，也比較容易見到尚未拋光的原石。祖母綠濃郁的綠色，帶來關係中無條件的愛、忠誠、和諧。它在法律事務和商業中也非常有用，與金牛座有關。

- **綠色方解石**（Green Calcite）：方解石的多種類型之一，但卻是與土元素最有關的方解石。療癒時，綠色方解石是冷卻石，幫助減輕炎症、燒傷、發燒。它幫助緩和變遷期，讓懈怠或疲累的人們和情況再次動起來。此外，它可以吸引金錢。

- **碧玉**（Jasper）：另一種有許多不同類型的礦石，世界各地都有人發現碧玉，被譽為療癒和支持的礦石。它被稱作「至高無上的養育者」。碧玉增進關係、建立同情心、提高性快感。明確的土系碧玉包括：
  - 棕色碧玉：有效的扎根接地石，非常適合在完成魔法工作之後幫助「下來」。

○綠色碧玉：非常適合療癒魔法，尤其是療癒肝臟、腎臟、膀胱、消化系統的課題；可以平衡小我以及恢復對他人的慈悲心。

○球狀碧玉：球狀（**orbicular**）是指這類碧玉外觀中的小圓圈。在魔法上，球狀碧玉提醒我們，女巫圈子人人平等的本質，以及公平對待一切眾生。它注入耐心和溝通。與摩羯座有關。

●**黑煤玉**（**Jet**）：這是一種化石木，不要與「法國黑煤玉」（**French jet**）混為一談，後者其實是切割過的玻璃。真正的黑煤玉是濃郁的黑色，而且，被摩擦的時候，它可以帶有某種電荷。黑煤玉是強大的護身符，可以用來擋開夢魘以及擴大通靈覺知。在傳統的威卡教中，黑煤玉項鍊，或是琥珀與黑煤玉結合的項鍊，用於表示啟蒙的狀態。黑煤玉可以在世界各地找到，但是最令人嚮往的某些黑煤玉，來自英格蘭地區的惠特比（Whitby）附近。黑煤玉在維多利亞時代大受歡迎，因為維多利亞女王在丈夫去世之後，佩戴精美的黑煤玉哀悼珠寶。與摩羯座有關。

●**紫鋰輝石**（**Kunzite**）：這是深度和平且寧靜的礦石。它有許多種顏色，從淡粉到淡綠和淡紫色。佩戴或摩擦紫鋰輝石可以緩解焦慮或壓力，當你需要輕輕地下來、回復腳踏實地時，觸摸或注視著紫鋰輝石是有效的。與金牛座有關。

● **孔雀石**（Malachite）：這種深綠色礦石，有效地放大發生在周圍的不管什麼能量，所以當事情好的時候，把它拿出來，但是當事情變得負面時，請把它藏起來。它絕不是不著痕跡的石頭，可能需要其他具鎮定作用的礦石來調和。它是經商和貿易的優質護身符。請注意：孔雀石粉塵有毒。不要用它來製作寶石煉金藥。與摩羯座有關。

● **貴橄欖石**（Peridot）：貴橄欖石有深淺不一的各種綠色，相當容易找到，不過要取得寶石品質的樣本就困難許多。貴橄欖石在治療皮膚和新陳代謝課題方面很有效。它增進心智清明與覺知，而它的顏色則使它有助於金錢或物質增益法術。與處女座有關。

● **碧璽**（Tourmaline）：碧璽有許多種顏色，被認為是強大的平衡與轉化礦石。它可以是透明的或不透明的，而且有明顯的條紋或六邊形結構。時常發現出售的碧璽呈天然的魔杖形狀，這方便指揮碧璽固有的力量。

○ 黑碧璽：一種非常易碎的碧璽，但是對於扎根接地和吸收環境的負面能量來說卻非常有效。它提供抵禦心靈攻擊或惡意魔法的盾牌。與摩羯座有關。

○ 棕碧璽：非常腳踏實地、實用的扎根接地石。有利於恢復家中的關係以及帶來同理心。

○ 綠碧璽：將植物王國的能量，帶入你的魔法同時打開心扉的礦石。它是一塊建設性的石頭，聚焦在進步和創造力。與摩羯座有關。

## 現成的工具

我們在魔法中使用的某些礦石，以現成的工具或自然形成的不尋常形狀出現。有些礦石來自魔法文獻中提到的神話和傳說，這些礦石可能實際上存在，也可能不存在。以下是你可能會遇見的一些礦石：

- **糞石**（bezoar）：早在西元第八世紀就被阿拉伯醫生所珍視。它們在十二世紀被帶到西方，用作治療砷中毒的方法（砷中毒對當時的貴族來說是個問題）。糞石還被認為可以治療痲瘋、痲疹、霍亂。糞石出現在動物和人類的消化道之中，它們是小塊的植物纖維或小卵石被困住，然後有磷酸鎂和鈣覆蓋其上形成的。而後它們因胃部肌肉的收縮而成形。在人類體內，糞石可是非常疼痛的，可能引起嘔吐和噁心。被珍視作為護身符的糞石通常是在祭祀用或被屠宰的動物體內發現的，而且時常被裝飾或鑲嵌在珠寶裡。伊麗莎白一世有一顆糞石鑲嵌在銀戒指裡。

●**水晶球**（crystal ball）：是經典的占卜工具，沒有水晶球，算命的陳詞濫調該怎麼完成呢？這個刻板印象奠基於整個歷史上廣泛使用這些球體來達到占卜的目的。水晶球可以由玻璃、鉛水晶或再造的石英晶體製成。水晶球並不總是清晰的，而且可以找到由任何類型的水晶製成的水晶球。水晶球被用作一種叫做「凝視占卜」（scrying）的技術的焦點。這需要稍加練習才能做到，而且涉及讓你的頭腦鎮定和安靜下來，然後凝視著水晶球，允許你的雙眼柔和地聚焦在球體上，注意出現的任何影像、感官覺受或字詞。這些被詮釋成來自水晶球的「訊息」，它們來自解讀者的潛意識，而不是水晶球本身。在倫敦的大英博物館可以看見一個著名的水晶球實例，這顆水晶球屬於約翰．迪伊博士（Dr. John Dee），他是十六世紀的占星家、數學家、神祕學家，擔任英國女王伊麗莎白一世值得信賴的顧問。

●**化石**（fossil）：時常在魔法中用作避邪物或護身符，用於保護以及與智慧、衰老或是與祖先或過去連結有關的法術。用於巫術的常見化石有琥珀、黑煤玉、菊石、石化木。位於博斯卡斯爾（Boscastle）的巫術博物館（Museum of Witchcraft），收藏了兩塊「惡魔的腳趾甲」（Devil's Toenails）。這些是一種已滅絕的牡蠣的化石殘骸，根據民間傳說，它們是對抗關節疼痛的強大護身符，因為形狀扭曲。周圍的岩石或樹脂的魔法關聯，將會補足這類化石固有的力量。總的來說，化石與處女座有關。因為它們曾經是活的生物（儘管已經成為大地的地質紀錄的一部分），所以它們也與靈元素有關聯。

- **巫婆石**（hagstone）：也叫做「女巫石」（Witch Stone）、蛇蛋（Snake Egg）、有孔石（Holey Stone 或 Holy Stone）或小仙子石（Fairy Stone）。它們是強大的護身符，受到許多傳統的女巫和魔法修習者的追捧。巫婆石是天然的石頭，通常出現在水邊、海灘上或是沿著河流或小溪。巫婆石特殊的地方在於，它們有一個自然形成的洞。從那個洞孔看過去，你可能會看見仙靈之境或彼岸世界。你可以將巫婆石穿過一條繩子戴著（尤其是紅色繩子），當作保護用的避邪物，或是將它繫在你想要安全保存的其他任何東西上。它們是土系屬性的石頭，由水塑造成形，因此在保護水手及其船隻免於傷害或惡劣天氣方面是非常有效的。
- **寵物石**（pet rock）：是一九七〇年代中期瘋狂但真實的時尚，它是一種文化的現象。把岩石當寵物銷售的想法來自於一位名叫蓋瑞．達爾（Gary Dahl）的廣告文案突發奇想。開始時，寵物石是酒吧內朋友之間的一個玩笑，然後演變成為一場爆炸的新奇禮物熱潮，使達爾在短短幾個月內賣出了大約一百五十萬件寵物石。寵物石被包裝在紙板箱內，就像寵物店用來送倉鼠回家的紙板箱，外加一份照料和餵養手冊。達爾成為百萬富翁，利用人類與收集岩石的連結，以及愚蠢的幽默。我小時候有過一塊寵物石，而且我很珍愛它。它有一雙轉動的塑料眼睛，以及黏上去的銀色小腳。它是我進入岩石收藏世界的門戶。

● **賢者之石**（**Philosopher's Stone**）：中世紀的煉金術士們，尋找很難找到的賢者之石，因為他們相信，賢者之石有力量將卑金屬轉變成黃金，而且它還提供了通向長生不老和永生祕密的鑰匙。他們想像的物質可能根本就不是石頭。自始至終，它也被描述成長生不老藥或某種粉末。對賢者之石的追求，以及煉金術士為了找到它所完成的工作，為現代的科學方法以及化學、醫學、物理學等學科奠定了基礎。

● **濕婆林伽石**（**Shiva Lingam**）：這些瘦長的蛋形石頭的傳統樣本，是從印度的聖河之一訥爾默達（Narmada）河採集的。濕婆林伽石是由碧玉、瑪瑙、玄武岩混合構成，顏色從淺棕色到灰色，帶有因氧化鐵沉積造成的淡紅色條紋或斑塊。濕婆林伽石相當平滑，因為經過河川流動自然而然地淘洗，而且依照吠陀傳統，要由收集它們的人們額外手工拋光。水壩工程導致河流泛濫，使得真正的林伽石更難找到，但是在附近的山裡有類似的礦石來源可以替代。傳統上，它們被尊為代表所有生命源起的原始神性能量。據說這些石頭是印度教主神之一濕婆的聖石，石頭上的印記代表濕婆前額上的印記。在西方，林伽石的形狀使人聯想到它們代表濕婆的陰莖。人們普遍認為，濕婆林伽石是連結到神性的一種方法。這種扎根接地石平靜、水潤的面向促進全神貫注和靜心冥想。樣本可以小到一公分，也可以大到幾公尺長。

- **蟾蜍石**（toadstone）：在戲劇《皆大歡喜》（*As You Like It*）中，偉大的詩人威廉·莎士比亞寫道：

> 逆境厄運自有妙處。
> 就像蟾蜍，醜陋而惡毒，
> 但頭上卻頂著寶貴的珍珠❺

莎士比亞所說的蟾蜍石據說是強大的護身符，可以治療多種可怕的毒物。人們也佩戴蟾蜍石，為的是治療癲癇，保護孕婦免於妖魔和小仙子的傷害，以及保護她們的嬰兒不被換成醜怪的小孩。這種寶石的來源被認為是蟾蜍的腦袋；為了能夠好好利用蟾蜍石的力量，你必須從還活著的這種兩棲動物中提取它。在中世紀和文藝復興時期，蟾蜍石往往被鑲嵌在珠寶中，例如戒指。這些實例可以在倫敦的「維多利亞與亞伯特博物館」（Victoria and Albert Museum）和大英博物館看到。對蟾蜍來說，幸運的是，這些石頭事實上是一種魚的牙齒化石，這種魚來自侏羅紀和白堊紀時期，叫做「多鱗魚」（Lepidotes）。

- 維京人的「太陽石」：北歐的傳奇中提到過這種神祕的導航裝置，但是關於它，或它是否確實使北歐水手即使在太陽被雲層遮住時，也能夠根據太陽的位置導航，人們卻知之甚少。在磁羅盤出現之前的日子中，太陽是一個重要的嚮導，尤其是在夏天，遙遠北方的日光可以持續長達二十四小時。在一五九二年沉沒的一艘英國大船的殘骸中發現了一種被稱為「冰島晶石」（Icelandic Spar）的方解石晶體，這意謂著，歸根結柢，這樣的石頭可能一直被用於航行。因為方解石具有以某種方式折射和偏光的屬性，它可以捕捉到太陽的痕跡，就連陰天也不例外。目前還不確定北歐水手是否真的像在高人氣的電視節目《維京人》（*Vikings*）之中表現的那樣使用冰島晶石，但是我

---

註❺：William Shakespeare, *As You Like It*, act 2, scene 1, 12–17。

們現在知道，當時的情況可能真的是這樣。

## 照顧你的礦石

每一種礦石都會有不同的需求，而且有時候，你會想要多多關注它們，才能確保它們在物質上和形上學方面都是乾淨的。

### 步驟一：滌淨你的礦石

有許多方法可以做到這點，而且各有利弊。浸泡在鹽水中、握著在流動的清水下方或用水噴灑，全都是有效的方法，但是由於結構的關係，有些礦石實際上可能會因水而損傷或毀壞，所以在嘗試用水滌淨之前，請先針對你的礦石做些研究。就大部分的案例而言，可以讓薰香煙霧或燃燒草本的煙霧飄過石頭上方或周圍，藉此薰香礦石，就像讓礦石經過蠟燭火焰上方一樣。

有些礦石可以充當你的其他收藏的滌淨石。我最愛的是透石膏（selenite，一種石膏晶體）。透石膏是半透明的，有立方體、球形或天然的魔杖形狀。它可以滌淨放置在它上方或附近的任何其他礦石。就連將一小塊透石膏加入一袋水晶內，也可以達到目的。透石膏有自動清潔的功能，因此無須擔心這塊礦石需要任何額外的維護。它也非常有助於大致滌淨住家和個人的能量。

## 步驟二：為你的礦石增添能量

礦石可以被留在月光底下，用你與月亮關聯的力量替它們增添能量。在滿月當夜，直接把礦石留在戶外。如果戶外不是選項，窗台也可以派上用場，但是如果有可能，讓窗戶打開，這樣月光就不是透過玻璃過濾進來。運用同樣的技術，日光也有效。需要小心謹慎，因為某些礦石，例如紫水晶、黃水晶、石英、螢石（fluorite），會因為過度曝曬在直射的陽光下而褪色。

你也可以把你的礦石放在你的祭壇五角星形上，讓它們在那裡休息一個月相，吸收著在你進行日常修練時，出現在那裡的氣氛和魔法。如果你正在進行某項你不希望影響到你的礦石的作業，那就在這項工作期間將礦石移出該區。另一種簡單的方法是，如果礦石夠小，可以貼近你的心臟位置，就將它裝在小袋子裡掛在脖子上（我把它們塞進胸罩裡），運用你自己生氣勃勃的生命力，讓你的心臟和脈搏的跳動填滿那顆礦石。

## 步驟三：為你的礦石編寫程式

如果你挑選了一塊水晶來協助你完成特定的功能或任務，那麼針對那個用途為這塊水晶編寫程式，是個不錯的辦法。要確定你頭腦裡的工作與那塊礦石的已知屬性是一致的，而且要讓你的意圖清晰明確。這麼做的一個簡單方法是，用你的慣用手握住那塊礦石，觀想你希望它達成的目的。在腦海中勾勒出那份工作的清晰畫面，然後大聲說明你的意圖。在日誌中記下你何時這麼做，以及對那塊礦石的描述。

礦石不使用的時候，要經常除塵，而且考慮將易碎的礦石用一張絲綢或其他天然纖維包裹起來。我喜歡展示我擁有的礦石，而且很享受將它們拿起來，盡可能地好好觸摸一下。我們基於一個原因收集這些東西：它們是大地美麗、能觸知、神祕的部分，而且應該被好好享受。

# 8 土系屬性的動物指導靈

我們與動物的關係，是我們在生活中擁有的某些最強而有力且最具教育意義的關係。大多數人都接觸過某種曾經給我們留下深刻印象的動物，無論是家中養的寵物還是野生動物。動物可能具有某種深度的靈性意義，而且成為其感知到的力量和屬性的圖騰或標誌。

在女巫的原型形象中，她們時常被描繪成與動物為伴。黑貓、蝙蝠或蟾蜍是常見的同伴。這些生物往往被視為魔寵（familiar），而不是普通的寵物。在歷史上，魔寵是妖魔、棕仙、小仙子或小惡魔，可以化身成動物，協助女巫，執行女巫的命令，協助她們的魔法工作。這些魔寵不只是動物同伴，還是有本領變身的超自然存有，而且擁有魔法的力量。牠們可以旅行並收集信息，充當間諜，找出重要的信息，並將信息回報給跟他們類似的人類。魔寵據說是「大惡魔」（Devil）送給女巫的禮物，或是一位年長的女巫去世時，由現任女巫繼承的。

動物魔寵的現代版本沒有那麼戲劇化。家庭寵物有時候被某些現代女巫提升到「魔寵」的地位。某些女巫將她們的寵物視為魔法同伴，提供超出「普通」寵物的某種舒適感和直觀感。與我們一起生活的動物，可能具有敏銳的能力，可以比我們更快速、更清楚地偵測到能量的轉換，或「解讀」某個人或某個情境。藉由學習留意這些徵象，我們可以與我們的寵物合作，讓牠們成為我們的魔法工作的助手。

世界各地的薩滿巫術，都涉及將動物靈當作指導靈和信使，為修習者帶來保護、療癒、智慧。透過例如靜心冥想、出神、跳舞、擊鼓或吟唱等技術，人類已經開發出連結到動物世界且與動物靈溝通的方法。這使得修習者有能力透過他們的動物指導靈的濾鏡，以及動物所代表的一切，取用自然世界的力量和奧祕。

任何動物都可以擔任指導靈，而且通常是一次透過冥想、旅行或夢境不由自主地建立起來的連結。動物指導靈選擇你；不是你挑選牠，不是像你挑選寵物那樣。牠們可能會反映出你的潛意識的某項需求，因為那是那隻動物通常被接受要代表的某個面向。在許多傳統中，如果某隻動物對你說話，牠們就是你的守護靈。牠可能不是你會選擇的生物，而是攜帶著你需要的訊息的生物。

與土元素有關的動物類型約略分為幾大類：

- 家庭寵物，尤其是狗
- 農場動物，如豬、牛、馬
- 馱畜，例如牛、騾、或驢
- 穴居動物，例如，囊鼠（gopher）、獾、某些類型的貓頭鷹
- 鹿角動物：鹿科的成員（一般只有雄性動物有鹿角，但是雌性動物也同樣具有土系屬性）
- 有犄角的動物：綿羊、野牛、山羊

## 土系動物清單

- 獾（badger）：這種穴居動物是其領地的兇猛捍衛者，即使面對更大、更雄偉的敵

人，也願意與其他生物戰鬥，捍衛自己的地盤。獾是晝伏夜出的，夜間出來獵食，白天窩在牠們的「洞穴」裡。牠們是令人驚訝的居家生物，牠們的住家存滿乾淨的青草和樹葉作為寢具，而且非常整潔。

- **熊**：實力、無畏、自信的標誌。母熊保護她的幼熊的典型形象，說明熊對摯愛的忠誠以及保護家人和家園的重要性。早在舊石器時代的考古證據就暗示，早期人類將熊的骨頭安排在洞穴裡，作為某種儀式的一部分。在整個北歐，熊與變身和轉化有關。熊在整個冬天冬眠，並在春天出現的能力，使人聯想到更新與重生。納努克（Nanuk）是因努特人對北極熊的稱呼，而且根據傳說，牠們可以變身成為人形。如果獵人對死去的北極熊表示敬意，那隻納努克會向活著的熊傳播這則消息，然後那些熊就會願意被獵殺。
- **野牛**：在北美洲，野牛曾經占有從北自阿拉斯加，一路南下到美國最南端的生物景觀。幾十萬頭這些動物成群結隊地在這整片土地上遷徙，在牠們旅行時，以棲息地的牧草和植物為食。幾千年來，野牛的運動幫忙形塑了牠們踏過的土地。原住民跟隨野牛群，這些野牛群為他們提供食物、用來製作帳篷的獸皮、製作工具的骨頭、縫製用的腱。成功獵殺一頭野牛意謂著，人們會有舒適和安全感。野牛是非常有保護意識的動物，牠們會一起努力保護年幼和較弱的成員免於掠奪者的傷害。儘管體型龐大，但是牠們很敏捷，可以快速跑過很長的距離。牠們勇敢、無畏、頑固。

● **公牛**：代表努力工作、毅力、保護、物質的欲望。蘇美、埃及、希臘、克里特島的古代文化，都尊敬公牛是繁殖力和重生的象徵。犧牲如此珍貴的動物是為了確保繁榮。「岡德斯特爾普大鍋」，是在丹麥境內一處泥炭沼澤中發現的凱爾特文物，其中一塊內飾板上描繪了一頭獻祭的公牛。公牛是男子氣概、效力、可靠性的象徵。

● **乳牛**：在印度教文化中，乳牛是最有名的聖獸，被視為是神性慷慨贈予的母性形象，不但有賦予生命的牛奶，還提供營養豐富的乳酪和奶油。乳牛與埃及女神哈索爾（Hathor）有關，她時常被描繪成擁有女人的身體和乳牛的頭。

● **狗**：凡是曾經愛過狗的人都可以證明，事實上，牠們具有忠心、誠實、地盤性、友好的土系特性。狗是群居動物，欣賞社交互動和領導統御力。野狗會追隨群體的領導者，就像我們的家養寵物會追隨他們的人類領袖一樣。狗需要常規和模式才能茁壯成長。牠們尊重規則和階級制度。牠們渴望取悅，而且享受挑戰、玩耍、娛樂。狗被描繪成女神赫卡特、黛安娜、埃倫（Elen，譯註：凱爾特女神）的同伴。

● **山羊**：偶蹄的山羊是敏捷、決心、固執、繁殖力的象徵。儘管牠們是最早被馴養的動物之一，但是卻攜帶著一股狂野的能量。山羊對早期的農民來說是必不可少的，為人類提供所有土系屬性的舒適——吃的食物、飲用和用來製作乳酪的牛奶，以及製作衣服和庇護所的獸皮。山羊已經成為分布最廣的動物之一，出現在南極洲除外的每一座大陸上。山羊時常出現在世界各地的神話和傳說中，為神明服務。在北歐神話中，雷神索爾的戰車是由坦格里斯尼爾（Tanngrisnir）與坦格喬斯特（Tanngnjóstr）兩隻山羊牽引的。奧林帕斯山的天神宙斯，在嬰兒時期是由母山羊阿摩笛亞（Amaltheia）撫養的。希臘男神潘是牧羊人、獵人以及荒野和鄉村的領主。他以習慣沉迷於食物、音樂、性、美酒、自然之美的俗世歡樂而聞名。潘有人類的上半身，以及山羊的下半身。薩特也是半山羊半人類的生物，與林地和精力充沛的行為有關。

- **馬：**馬是另一種被馴養的動物，因其對人類的忠誠和服務而受到尊崇。早在機器取代馬匹之前許久，馬就為農業經營、戰爭、生產製造、貿易提供獸力和運輸工具。牠們具有美麗、優雅、高貴、自由的特質。安亞（Aine）是愛爾蘭掌管統治權、繁殖力、愛的太陽女神，也被譽為「小仙子女王」，她可以變身成為一匹紅色母馬，這使她能夠與大地上的人們互動。斯萊普尼爾（Sleipnir）是奧丁的八足馬，被認為是陸地上最快速的馬，還能夠飛行和游泳。牠可以安全地將奧丁帶到北歐死亡女神赫爾（Hel）

面前，然後再回來。艾波娜是凱爾特人的馬匹女神，後來被羅馬人所採納。對她的敬拜傳遍了整個羅馬帝國。她也與統治權和繁殖力有連結，而且被描繪成跨騎在馬上，帶著一只聚寶盆或成捆的穀物。

將馬蹄鐵兩端朝上懸掛在門的上方，可以為家庭帶來好運。如果那塊馬蹄鐵曾經有馬兒穿過，效果會更好，因為它增添了馬蹄鐵賦予馬兒的保護元素，以及馬兒本身正向積極的屬性。如果你在路邊找到那塊馬蹄鐵，那被認為更加幸運。

- **牛**：這種馱獸與努力工作、堅韌、耐心、效力、力氣有密切的關聯。在許多古代文化中，牛是值得獻給神明的祭品。在中國的十二生肖中，屬牛的人是可靠、勤奮、健康的宅男宅女，有周密安排和按照規律的傾向。
- **豬**：土系屬性的豬是豐盛、農業、幸運、繁榮的象徵。凱爾特海神瑪納南（Manannan）據說有一群豬，牠們會被宰殺、烹煮、吃掉，第二天又會再次出現，再次餵飽每一個人。在中國的十二生肖中，豬是財富和唯物主義的象徵，但也是勤勞和好運的象徵。在古埃及，豬是愛希絲的聖獸，也被獻祭給歐西里斯。
- **雄鹿**（stag）：其形象是許多女巫和異教徒的強大象徵。在許多傳統中，祭司可能會戴上鹿角冠，向「角神」（Horned God）致敬。雄鹿與森林、狩獵、死亡、犧牲有關，也與繁殖力、效力、豐盛有關。在壓力、警戒、適應性底下，牠們仍然表現出優雅。牠們有莫大的力氣和持久力，然而依舊保持溫和而害羞。女神黛安娜時常被描繪成身邊有一隻雄鹿。

- **蟾蜍**：幸運、成功、金錢的象徵。在古埃及，當尼羅河每年泛濫並更新土地時，蟾蜍因其豐盛的外觀而被視為繁殖力的象徵。阿茲特克人將蟾蜍與土神特拉爾特庫提（Tlaltecuhti）關聯在一起。這些土神時常被描繪成女神，但也可能是雙重性別，因為圖像表現和參考文獻不同。他們被描繪成人類與蟾蜍的混種，或是被描繪成真正的蟾蜍，有一張有毒牙的大嘴，腳上有爪。
- **海龜**：在北美東北部的許多原住民文化中，海龜據說把大地揹在背上。某些版本的故事講到一位叫做「納納布什」（Nanabush）的超自然存有，他安排其他動物游到海底，帶回一些泥土，創造了海龜背上的世界。其他故事則說，「天女」從上方掉下來，安全地落在海龜的背上。她很高興大地（海龜島）在她周圍逐漸增大。

## 在儀式中運用動物部位

在魔法修習中使用動物的骨頭、鹿角、犄角、獸皮或毛皮，與魔法的修練本身一樣古老，近年來，人們對這事的興趣重新再現。基於許多原因，頭骨尤其是一個受歡迎的主題，但是如果你正在考慮將這些東西增添至你的修習中，請反思一下你這麼做的動機。它看起來危險而且很有女巫風嗎？還是背後有某種靈性的意義？動物的部位具有魔法的功能嗎？或者這是為了在Instagram上看起來很酷？

使用動物的任何部位，未必適合每一個人。使用或不使用這些部位的原因，是非常個人化的，而且不應該將這種做法強加於對此感到不舒服的人。

許多確實真誠地將動物部位融入他們的魔法修習的族群，往往將這視為一種向這隻生物的靈致敬，且與牠的靈合作的方式。他們在塵世的遺體，成為崇敬和尊重的神聖目標。骨頭可以被有效地用作動物的靈，被召喚或祈請進入的肖像或奉若神明之物。這提供一個機會，可以與顯化那隻動物的原型能量合作。值得好好做些研究，了解一下你想要與之合作的動物的象徵意義，理解牠生前的習性和行為，以及關於牠的任何神話或傳說。挑選可以合作的動物，適合你想要召喚牠們參與的魔法工作。在決定如何取得以及與動物王國的這些強大恩賜合作時，牢記這點很重要，而且不要浪費或粗心大意。

你用於魔法目的的動物部位，應該以盡可能合理且合乎道德的方式取得。毛皮通常可以在二手商店以舊外套的形式二手購買。獸皮和皮革往往可以從手工藝品店購得，或是，如果你住在北美洲，你家附近可能會有一家專賣店出售原住民的手工藝品。我居住的地方有一些這類商店，而我已經購買了完整的鞣製鹿皮，用於為我們的女巫團一年一度的秋分儀典製作儀式斗篷。這些獸皮是當地人狩獵維生的副產品，透過手工藝品店以合理的價格出售。

某些動物的骨頭，可能比其他動物的骨頭更難取得。對於通常用作食物的動物的骨頭，你可以詢問當地屠夫，是否可以為你保留一些切肉過程中留下的生骨頭。這些可用於製作整套骨頭（見下文）或練習骨骼清潔技術。取得來自非馴養動物身上的骨頭，可能是認識打獵的人或機率的問題。還有線上資源，可以購買清潔和消毒過的骨頭。這些可能價格不菲，而且你不一定知道它們是如何取得的。

在野外發現的動物骨頭應該要小心處理，絕對不要徒手觸碰死去的動物或牠的骨頭；永遠都要戴手套。屍體很容易被一長串危險且可能危及生命的細菌所污染，因此手套和鑷子是必不可少的東西，保護口鼻的口罩，以及保護眼睛的護目鏡或面罩，也同樣必不可少。

當你找到骨頭時，無論骨頭看起來漂白得多好、多麼乾淨，它們絕對需要清潔、脫脂、刷白、乾燥，然後修復沿途造成的任何損壞。有幾個有用的網站和書籍，可以教導你這個過程，我強力建議，在你把一些需要用到的部位帶回家之前，要先做好研究，確保你有完成這項工作的用品和毅力。處理骨頭可是一項臭氣熏天且挑戰性十足的事。

最後一項實用的提示：在某些地方，從自然環境中收集死亡的動物或其部位，可能被視為非法。在我居住的地方，即使是從省立公園中拿走自然脫落的鹿角也被視為侵占。甚至擁有某些物種的遺骸也可能是非法的。這點因地而異，大不相同，所以請諮詢當地的野生生物當局，找出在你所在的地區，什麼情況是被允許的。

## 解讀骨頭

這種占卜包括創建一套小工具，來充當象徵符號，然後解讀它們，獲取訊息。顧名思義，大部分的工具都是骨頭，但是你也可以加入其他有意義和象徵性的物品。貝殼、鵝卵石、種子或乾燥的根等天然物體，效果非常好，但是鈕扣、鑰匙、硬幣或骰子等人造珍品效果也不錯。

首先組裝六塊不同形狀且來自不同的解剖部位的小骨頭。加入你選擇的三項額外的象徵性珍品。

幾則珍品的建議如下：

**貝殼**：代表水、情緒、感覺的界域。

**骰子**：可以給你一個數字。這可能意謂著某個日期、年齡或數量。

**硬幣**：「正面或反面」，可以代表是或否。

**種子或橡實**：新的生命、重新開始、某個點子。

**鑰匙**：過渡期、開門／關門。

**水晶或礦石**：顏色和類型將會決定關聯。

你如何將每一塊骨頭對應到它的意義，將是一個完全取決於你的直覺過程。我喜歡思考骨頭來自哪裡以及那代表什麼。舉例來說，對我而言，鳥的中空骨頭代表動作和運動。鹿的肋骨碎片代表荒野、溫和的力量、犧牲。

一旦將你的九塊骨頭組裝好之後，將它們放入小袋子或束口袋內。騰出一些時間，拿出你的日誌來記錄你的筆記。

一個接一個地，抽出你的整套骨頭裡的每一塊，然後在你的日誌當中記下它們對你來說代表什麼。當你將它們用在解讀中的時候，這可以幫助你確立你的對應關係將會是什麼。

完成後，把你的整套骨頭收集起來，放回袋子裡。針對你心中的某個問題冥想，當你準備就緒時，扔出你的骨頭。如何做到這點取決於你。我喜歡把我的整套骨頭倒出來，讓它們掉落在我已經裁切成大約三十公分見方的一張正方形布上，布上畫了一個大圓圈。觀察骨頭在下落時形成的圖案，並在日誌中記下立即出現在你腦海中的任何訊息。我往往把掉落在方形布外的任何東西認定成「出局」，不把它們囊括在我的解讀中。某些解讀者認為，掉落在左邊的物品是「過去」，中間的物品是「現在」，右邊的物品是「未來」。我的布上的圓圈代表女巫的圓圈，我把掉落在圓圈「北方」的物品解讀成來自土元素的訊息，圓圈「東方」是來自風元素的訊息，圓圈「南方」是來自火元素的訊息，圓圈「西方」是來自水元素的訊息。掉落在圓圈中心的骨頭，帶來「靈」的訊息。

你的整套骨頭可以是非常個人的工具，隨著你對它們的使用日漸熟練，你的用法和定製方式也會跟著改變。只要有看似適合的東西出現，你可以隨時加入更多的骨頭到整套骨頭之中。記住要在日誌中記錄你的對應關係和經驗。

****

## 熊媽媽：走出熊穴的旅程

與動物指導靈合作，是人類自史前以來就一直從事的靈性修行。考古學家們曾經在歐洲各地用證據證明了對熊的膜拜，而且今天仍舊存在。埃里克·勒切樂提（Erik Lacharity）的這篇文章，記錄了一位修習者的熊崇拜（arctolatry）經驗。埃里克是法蘭克多神教徒（Frankish Heathen），也是《狼人行》（*Courir le loupgarou*）的聯合作者，這是一個致力推廣「法屬加拿大傳統巫術」（La sorcellerie traditionalnelle du Canada français）的部落格。

長久以來，在我知道我是異教徒之前許久，我就知道熊有特殊之處，熊是雄偉的生物，在人類曾經連繫過的所有生物中，熊可以被理所當然地視為最神聖的生物之一。即使是對熊認識只流於表面的人，也很容易看出這份神聖性的原因。其一，熊是閾限的存有。牠們跨立於可見的世界與不可見的世界。對於許多極圈附近的熊物種來說，牠們在比較嚴酷的冬季月分進入睡眠狀態，在巢穴內休息。春天時，牠們出現並在綠色的大地漫遊。這些熊可以爬上最高大的樹木，進入上方的天國。在各種水道中，無論是河川、溪流或海洋，都可以看見「熊屬」（*Ursus*）歡喜地四處涉水，取用著豐盛的一餐。牠們也有非常人性化的特性。牠們搜尋人類曾經滋養自己的食物，例如漿果、根菜類、魚、其他生物。牠們也可以筆直站立，有好奇心，而且，正如許多人在野外遇見牠們時所體驗到的，你幾乎會相信（好吧，我對此深信不疑！）牠們可以理解人類的語言。

吸引我專心研究「熊媽媽」（Mother Bruin，我這麼稱呼她是為了不打破禁忌），確實是這種閾限性（liminality）的極端，那吸引她進入古代人類宗教經驗中神祕而晦澀難懂的層面。這些極端是原始的「巢穴」與天國的「天空」。這是我想要在這裡談論的旅程。我也想要藉此機會非常明確地指出（不過我可能會使用比較研究法，曾經研究過原住民文化的熊信仰的學者們，就是使用這個方法），我不會在我的修行中使用那些傳統。我總是覺察到，太容易落入盜用的陷阱，而且基於那個原因，我偏愛在很大程度上，仰賴我自己的經驗活出與她的關係。當我覺得需要在我的崇拜中確立某些限制和框架時，我會求助於比較研究法，嘗試追溯某些熊崇拜的宗教範型，回溯到最早的人熊宗教。

我往往聚焦在有關史前的歐洲生物群落和社會發展的論文，以及已經記載在整個地球極地區周圍的民俗神話，以此來描繪出我的信念的輪廓。這為我設置兩個極端：史前的，象徵著「巢穴」；以及民俗的，它履行「天空」的角色。隨著極端發展下去，這些調查的時期（舊石器時代晚期到現代）跨越了大約四萬五千年。正是介於那些極端之間的那個地方，我用來自經驗的一切填滿我的體驗。在介於被懷疑存在肖維岩洞（**Chauvet caves**，大約西元前三萬五千年）內的熊儀式主義，與有數百個歐洲和北美版本的「熊兒子」（**Bear's Son**）故事之間的某個地方，我發現身為中間對話者的自己，活出了這兩點提供的奧祕。正是透過實驗考古學（以當代的方式製作過去的工具和物品）和演繹式推理，我得出了我的結論。從這裡開始，我會為你畫一張我的修行圖。

我逐漸相信，這個世界遵循著一則被描繪在「天空」中的循環故事。然而，直到最近之前，除了透過儀式，人類從來無法實質地接近天空。因此，若要接近天堂，就需要簡單然而又複雜的儀式。早期的人類會在「巢穴」的牆壁上繪製天空。也就是說，星辰、天氣、季節的行進。就跟季節的行進一樣，北斗七星（往往被認為曾是一隻熊）也是如此。「熊媽媽」在春天帶著她的小熊（在不同的民間故事中，小熊是一個戰士兒子和一個療癒師兒子）走出「巢穴」。她餓了，渴了，時時保護著。在夏天，北斗七星的斗柄（譯註：北斗七星中，第五至第七顆星的合稱，排列成弧狀，形如酒斗之柄，故稱「斗柄」）向下，像勺子，到了秋天，北斗七星處於最滿的位置。冬天來臨時，人們看見她進入她的「巢穴」，只是為了明年再次出現……而且這個週期循環繼續。這部天上的戲劇（這屬於大宇宙）被畫在「巢穴」的牆壁上。身為中間對話者，我們透過這種神性的仿效崇拜她。

透過赭石和木炭，我們更新「天空」的織錦。透過食用她的餐點（覓得的食物），我們為她和小熊提供營養。透過蒙面行進的聖歌和舞蹈——與庇里牛斯山人民的行進聖歌和舞蹈相似，但是源頭有別——我們跳著將我們帶出「巢穴」，到「天空」與她結合的舞蹈。她的歌曲是《出現》（*Emergence*）、《轉化》（*Transformation*）、《死亡》（*Death*）、《重生》（*(Re)birth*），全都搭配著季節行進的節奏。許多與我就地討論過現代熊崇拜的其他人，都表達過他們從「熊」那裡得到了同樣的感受：她立即誕生，隨後狼吞虎嚥地吞食。北斗七星出現，吞食，於是轉化，然後夏天潮汐的死亡，在冬天誕生。這個循環不斷持續著、平衡了。

我發現自己感謝她，感謝季節的變化，感謝肚子的溫飽，感謝有「巢穴」的庇護，感謝她和她的行進可以向我揭示的神祕教誨。在她溫暖的原始泥土層中，我誕生了——就跟小熊一樣。我厭倦了可能會把我從她身邊趕走的「熊爸爸」（Father Bruin）。我唱著她送給我的歌，向她的肖像獻供，在我的「巢穴」內畫出天空。透過我的行進聖歌，我爬上那棵樹木，現在以及此後，那將會在星星中將我們聯合起來。我邀請被她的雄偉莊嚴吸引的其他人，前來聆聽這些季節，跟隨她踏上這趟神聖的旅程。

——埃里克．勒切樂提

＊＊＊＊

## 動物與人類的連繫

我們與動物的緊密連結超越了俗世，跨越進入我們的夢境與靈界。古往今來，牠們與人類攜手一次次地登場，成為我們的老師和同伴。某些動物已經允許自己被馴化，因為牠們在我們身上看見牠們需要的東西，如同我們從牠們身上看見我們需要的東西。這超越了對食物和生存的明顯需求，更加深入。在魔法和靈性層面存有一份共鳴，大多數人類太過忙碌、太過心煩意亂，因此無法調頻進入那份共鳴。

與土元素有關的動物，共享許許多多人類也欣賞的品質和屬性，例如顧家、忠誠、勤奮、滋養、陪伴。我們其實很像我們的動物指導靈和寵物，只是自己不那麼認為。

第3部

# 土系魔法的應用與儀式

# 9 與地方靈連結

修練魔法的族群，往往設法活得與大自然的自然週期和諧同調。魔法需要與環境中的自然潮汐和能量有一份協調感，以及與我們周圍可見和不可見的自然力有一份同感。這往往顯化在女巫與他們居住的土地的關係上。

對某些人來說，這可能意謂著有一套萬物有靈的世界觀。這是理解到，在大自然中找到的每一樣東西都是（以它自己的方式）有情的，而且有一個靈魂、生命力或超自然力。萬物有靈論者，會把他們周圍的土地，看作是生氣勃勃且全然活著的地方，充滿從一切事物散發出來的靈和神性能量，從最小的沙粒到最大的山脈、所有植物生命、所有生物。有些人甚至可以將這種萬物有靈論，擴展到被建構起來的東西，例如建築物乃至機械裝置，或是有技術的物品，例如汽車或電腦。藉由承認和體認到我們周圍世界的這股力量，我們達到某份更密切的關係，而且尊重土地以及連結到土地的一切，視之為活生生的存在體。土地開始呈現出我們人類可以更好地與之和睦相處的個性和性格。

我們周圍土地的內在生命，已被不同的文化定了許多名稱。在北歐神話中，土地靈被稱作「地鬼」（*landvættir* 或 land wight）。這些靈有能力幫助或阻礙人類，而且對土地及其生物從人類那裡得到的待遇很敏感。可以與它們交流，徵求它們的支持，作為幫手或盟友，但這是一種互惠關係，因此，為了回報它們的協助，必須在戶外留下食物和飲料等供品給它們。必須注意確保與地鬼保持良好的關係，所以向它們解釋你可能必須改變環境的任何計畫，是非常重要的。

在古羅馬，相信「地方靈」（*genius loci*）是很常見的，而我們今天仍然使用這個詞來描述居住在特定地點的靈。已經發現了祭拜地方靈的羅馬祭壇實例，描繪拿著聚寶盆或供奉碗的人物，這表示豐盛和繁殖力。在英格蘭賽倫賽斯特（Cirencester）的科林尼姆博物館（Corinium Museum）有一個特別的例子，包括一段可以翻譯成「致神聖的本地靈」的銘文，而且還包括頂部一處用於裝盛祭品的凹陷。在整個羅馬帝國，存在著大量不同的地方靈，每一位都專屬於某個特定的地區，而且反映出那個地方的精神。

來自東南亞的民間傳說，講述了必須安撫地方靈，才可以獲准使用它們居住的土地。不尊重這些靈，會給負責的人帶來毀滅和破壞，所以為了維持良好的關係，人們為當地的靈提供可以住進去的靈屋（spirit house）。這些小小的複製屋是裝飾精巧的美麗神龕，設置在住家或企業的前方，要麼在地上，或在一根柱子上。傳統上，這些是在新建築物創建或新企業開業時就建好了，以便為可能因新的建築而無家可歸的任何地方靈提供庇護。靈屋還提供一處可以留下供品給地方靈的位置。食物、蠟燭、鮮花或香，是這些靈最愛的禮物，於是地方靈將會賜予家庭或企業繁榮和幸福，以交換每日的供品。這是活生生的傳統，今天亞裔人民仍然在實踐的傳統。即便是在我居住的加拿大，也可以在亞洲雜貨店或餐廳的前門入口處找到靈屋，內有燃燒的香和獻上的食物。

在你嘗試與你所在地區的地方靈建立對話之前，一定需要做些研究，思考一下你想要連結的靈。重要的是，不要空想，而且要相信所有地方靈都希望與人類建立關係。有些地方靈可能懷有敵意，或者只是希望你別打擾。有些可能不認可你或你的供品，其他則可能把你看作是它們的棲息地和福祉的威脅。與自然靈打交道的時候，我們需要尊重，有些靈早在人類出現之前許久，就一直依附於這塊土地，它們可能並不在意我們的供品、魔法或成功。試著從非人類的視角，想像這份關係可能會是什麼樣子。靈幫助你會得到什麼好處呢？你能夠提供的供品，對那位靈有任何真正的價值嗎？

土地靈本來就存在世界各地原住民的民間傳說和文化之中。舉例來說，在北美洲、南美洲、澳洲、紐西蘭，原住民與土地靈之間存在著靈性與宗教的關係。這些關係代表一種活生生的傳統，目前仍然被保存著，儘管原住民社群面臨挑戰和艱難，因為殖民者入侵，剝奪了他們的土地、文化、身分。

我們正處在歷史的某個時刻，才剛剛開始討論如何建設性地共同生活，以及療癒過去五百年征服和殖民主義所造成的損害。在現代異教和巫術論壇中，關於什麼構成文化盜用的辯論和討論，是正在進行的對話，需要每一位修習者提出見解。我們有機會也有義務審核自己的做法和行為，而且確保，我們正在建立自己的傳統，奠基於尊重以及考量到，假使我們拿取那些社群的儀式、象徵、藥草、做法，卻不理解來龍去脈，沒有受過正統訓練，無法全然領會這些對它們所屬的人民有何深度和意義，那麼這些社群可能會受到傷害。在許多情況下，這些東西在未經許可的情況下被拿取，被用來圖利和謀取個人收益。我們可以做得比這更好。

# 土地承認書

土地承認書是在活動或公眾集會開始時發表的聲明，為的是確認原住民的土地，以及促使人們關注居住在這片土地上的原住民的權利。在整個加拿大和澳大利亞，以及在較小程度上的美國境內，這些聲明通常是正式集會（例如政府、學術、社群聚會或活動）表達的第一件事。隨著異教徒和巫術團體愈來愈覺知到，支持原住民社群的重要性，土地承認書被納入公開的異教慶祝活動中，在儀式和圈子活動開始時聲明。藉由在儀式開始前朗誦一份土地承認書，我們表示對原住民的尊重，他們是傳統的土地管理人，也表示對當地的土地靈的尊重，它們在殖民者和定居者到來之前許久，就已經在當地了。

寫一份土地承認書，需要一些思考和研究。如果你生活在一個創建在原住民土地上的國家，這個過程將會幫助你建立更清晰的理解，明白土地的祖傳保管人是誰，以及他們如何流離失所，你們才能創建當前的社區。寫下來然後運用這份聲明並不等於尊敬那片土地的靈；這是意在表現團結和支持，也是教育其他新異教修習者的方法，讓他們明白暴力的歷史和殖民主義瀰漫，不利於我們現在占領的這片土地的原主人。身為異教徒和女巫，我們認為這片土地是神聖的、有生氣的、被注入了精神；然而我們很少反思，加諸在原住民的疼痛和苦難，對土地本身造成的影響。如果我們用祭品、祈禱、崇敬接觸這些土地的靈，我們需要也將這份尊重，反映在我們如何與幾千年來一直與那些同樣的靈保持關係的原住民和睦相處。同樣重要的是，要記住，這些文化和關係現在仍然存活而且情況良好；當殖民者到達時，儘管竭力抹煞它們，但它們卻沒有因此結束。

＊＊＊＊

## 原住民對土地和異教徒的看法

客座散文家凱倫·弗羅曼（Karen Froman）是「大河六國」（Six Nations of Grand River）莫霍克族（Mohawk Nation）的一員，也是歷史迷。她是溫尼伯大學（University of Winnipeg）的講師，教授「加拿大原住民」的歷史以及「原住民教育和寄宿學校史」。

Ske:kon neechies（你們好，朋友們）！當我被邀請撰寫這篇文章時，我承認我確實有點猶豫，因為有時候會遭遇不友好的抵制，而且身為原住民婦女，我對此感到厭倦。然而，在移民殖民的世界中，原住民對土地和靈性課題的視角卻很重要。

我是一位寄宿學校的倖存者的女兒，居住在城市、混血、順性別（cisgender，編註：是指個人的性別認同與出生時的生理性別一樣）。我母親有愛爾蘭、英格蘭、荷蘭血統，而我父親是一位自負但嚴厲的「莫霍克族」（Kanyen'kehaka，即 Mohawk）男子。九歲時，父親和他的妹妹們和弟弟被人從家人身邊帶走，安置在安大略省布蘭特福德（Brantford）的莫霍克學院（Mohawk Institute）寄宿學校。當我父親進入這個地方時，他說三種語言——莫霍克語、塔斯卡洛拉語（Tuscarora）、英語，而且已經開始從他父親那裡學習傳統的教導。當我父親離開那所學校時，他只說英語，而且已經被有效地洗腦成相信他是不如歐裔加拿大人的。這份對我們的「莫霍克族」遺產古怪的羞恥和自豪感，傳給了我姊姊和我自己，但是由於我父親和姑姑們在寄宿學校經驗到的暴力和虐待，他們無法或不願意教導我們關於我們的遺產的任何事物。

身為混血兒，長大後的我感覺彷彿自己不「屬於」任何一種文化，我是「沒有地方的」，沒有我可以聲稱是我自己的身分或文化。在我十四歲的時候，我發現了威卡教。

這主要是因為，事實上，找到某種關於歐洲重塑古代靈性的信息，比找到關於某個特定原住民文化的信息更容易。在一九八〇年代，我能夠找到聲稱是原住民的大部分東西，事實上，都是來自「海龜島」各地、由非原住民資源提供的任意教誨。對我來說，我的威卡教修行是個人和私人的事，儘管我確實佩戴了一條銀色五角星形項鍊作為某種身分標記。

這個五角星形是我十五歲的時候買的，從來沒有離開我。

二十七歲的時候，我是剛離婚的母親，有兩個還在蹣跚學步的孩子，而我只接受過十年級的教育，我的工作技能包括在夜總會裡替客人倒酒。進入大學時，我是不再年輕的成人學生，而這是我第一次接觸到家人以外的大量原住民。對我們許多人來說，大學或監獄（這些是殖民時期的機構），是我們第一次遇到我們的真實歷史、文化、靈性、語言的地方。在大學中，我終於有了老師，也有能力逐漸理解我是誰、我屬於哪裡。當我了解到例如《印第安人法》（Indian Act）、條約、保留區、取締我們的儀典、寄宿學校之類的事情時，關於我的家庭和我的成長方式等事物開始變得有理可循。我突然間明白了為什麼我父親和姑姑們無法將教導傳承下去，為什麼有那麼多的紛亂和暴力，以及為什麼我感到如此失落。許多年來，我一直追隨我母親的古老凱爾特人之路，因為它容易進入，但是不知何故，從來沒有覺得這樣就是「對的」。隨著我在大學進一步深入並決定主修「本土研究」（Native Studies），我開始主動地找出可以幫忙指導我的傳統老師和長老。

在大學的第三年，我修了一門探討原住民靈性和傳統教導的正式課程，由一位信仰守護者教授。一天，我們圍坐成一圈，聆聽著一則傳統莫霍克族故事時，我突然感覺到頸子後面的毛髮全都豎了起來，而且不知怎地，我「知道了」那則故事的結局，以及故事傳達的訊息。我們的信仰守護者話說到一半停了下來，看著我，說道：「你知道這則故事的結局，對不對？」我只是目不轉睛地看著他，很震驚，而他笑著繼續講故事。後來，他告訴我，發生的事情是「血的記憶」（blood memory）在顯示它的威力。那天稍晚，我回到家時，心不在焉地撓了撓脖子，然後發現，雖然銀項鏈還在，但是十三年來沒有離開過我的脖子的五角星形不見了。我逐漸了解到，五角星形消失了，因為它不「屬於」我，我走在「錯誤」的道路上。我並不是說威卡教是錯誤的，只是，它對我而言是不對的。

通過學校和法律，我們的許多教導和傳統方法，被暴力地從我們身上扯掉了，今天我們正在努力取回和重建。當我們看見非原住民為了他們自己，或更糟的是，為了利潤而拿走我們的教導、我們的藥草時，我們看見移民人口持續不斷的不尊重和暴力行為。無論我們屬於哪一個原住民族，這些教導、土地、植物、水域，對我們來說都是神聖的。最重要的是土地。原住民世界中的一切其實都回歸到土地，無論是過去還是今天。我們以難以解釋的深厚而深邃的方式，連結到這片土地，而且成為這片土地的一部分。

當我們看見非原住民們出售成捆的鼠尾草和甜草，或是為一場發汗小屋（sweat lodge）「儀式」收取過高的費用時，我們感到震驚。這其實是一種盜竊，因為這些教導和藥草不屬於你們這些移民人口，而且本來也絕不是為了牟利而出售的。許多儀式以及如何帶領儀式是特殊的知識，不是「常識」。我們不相信，不管什麼儀式，誰想要完成，就可以完成。對藥草來說，情況也是如此。我們看見我們的許多採摘點，已經被非原住民採摘一空，那是我們絕不會做的事。採藥時，我們總是留下菸葉當作祭品，表示感謝，而且我們留下一些隔年種植。此外，許多藥草只宜在一年中或一天中的某些時間採摘，而且以特定的方式採摘。所有這些都是你無法單從書本或網站或某個「週末靜修營」學到的東西。這是你與長老和傳統老師經過多年來面對面教導之後學到的東西。

我得到的另一項教導與土地和儀式有關。許多長老曾經教導我，我們稱之為「海龜島」的土地靈，並不「認得」移民人口，因為土地靈們並不知道你們是誰，而且你們也沒有攜帶那份「血的記憶」。如果這真的是你們這些移民的土地，那麼你們的故事在哪裡呢？你們的故事在海域的那一邊，你們的土地靈在海域的那一邊，而且我求教過的某些傳統老師，並不相信你們的靈可以跨過這片海域。所以，當你們在這片土地上舉行你們自己重新發明的異教儀式時，這片土地的靈不會聽見你們的聲音。當你們在這裡呼喚你們的靈時，當你們召喚那些古老的歐洲靈時，有人說，因為那片海域，他們無法來到這裡。關於這點，我個人不是那麼確定，而且我擔心，這種異教做法只是另一種殖民主義，另一種方式，讓移民人口可以拿取不屬於他們的東西。所以，如果你們必須堅持這些類型的儀式，那麼我恭敬地請求，在儀式完成後，請將你們的靈送回到大海的那一邊。

我們不禁止非原住民來到我們的社區、來到我們的儀式、來到我們的聚會。事實上，我們歡迎你們的參與，因為這麼做增進我們兩方人民之間的了解。我們真正反對的是，拿走這些東西，當作是你們自己的。感謝，**nia;wen**（莫霍克語的「謝謝」）！

——凱倫・弗羅曼，莫霍克民族

****

## 撰寫土地承認書

土地承認書不需要很長就可以是有效的。重要的是要發自內心地表達，帶著尊重和準確的信息。以下是我在我們的儀式開始時，為我的女巫團撰寫的土地承認書：

> 我們現在站在「第一條約領地」（Treaty One Territory）上，這是安尼什納貝格族、克里族、達科塔族（Dakota）、甸尼族（Dene）、奧吉克里族（Oji-Cree）人民的祖傳土地，也是梅蒂斯民族（Metis Nation）的家園。我們感謝潔淨的水的恩賜，那是「淺灘湖四十號第一民族」（Shoal Lake 40 First Nation）的土地和人民提供給我們的。在我們邀請我們的傳統神明和元素精靈來到這個圈子之前，我們想要表達對這片土地的靈的尊重，而且向它們保證，我們帶著和平、友誼以及對持續療癒、正義、與這片土地的傳統人民和解的承諾來此聚會。（擺出我們的祭品）

有以下三大要點需要好好研究和思考：

1. 了解一下你所在土地的人民和歷史。找出那些名稱該如何正確地拼寫和發音。現在有條約嗎？那片土地是割讓了還是未割讓？建立起你自己對這些事物的理解，讓你可以詳實周全，能夠精確地與他人分享這個信息。

2. 好好檢查你撰寫這份承認書的動機，思索一下該如何起承轉合。你是真誠關心修正和治癒過去的衝突嗎？你會在對大眾開放的圈子或私人儀式開始時，使用這份聲明書嗎？如果你在發表這份聲明的時候不真誠，那麼靈和仔細聆聽的人們一定會注意到。小心翼翼地選擇你的字詞，而且要做好準備，有些人可能會不欣賞或不理解你為什麼這麼做。你的研究應該能夠幫助你給出詳實的答案。

3. 陳述你的目的，包含關於你計畫如何創造更美好的未來的字詞。這是一個機會，可以表達參與活動的圈子或團體，該如何與土地、靈、相關的原住民社群，建立建設性的關係。

這個過程可能很困難。身為在傳統的土地上殖民或定居的我們，並不想要認為自己「壞」，或不尊重原住民，而且涉及的勾心鬥角可能會非常複雜且令人困惑。好心的修習者犯下的許多錯誤都來自於無知，所以教育自己是非常重要的。從寫下你已經知道的內容開始，然後自己好好研究，填補空白。對於我們這些確實來自移民和殖民背景的人們來說，這是一個機會，可以客觀地審視我們自己的態度、教育自己、達到更深入的理解，以及與原住民社群建立更深入的關係，而且推而廣之，與身為女巫和異教徒的我們，聲稱要尊重的土地靈建立更深入的關係。如果我們真正強烈地感覺到這片土地是神聖的，我們必須記住，這片土地將我們連結到這些人民和靈。

在你有機會研究和思考這三點之後，撰寫一份你自己的土地承認書，總結你已經學到的。隨著你的理解日漸增長，以及取決於你的聽眾，你可能需要偶爾修改一下。

每一個人都有可以努力的地方，即使是不住在原住民土地上的人們。我們的文化全都可以幫助療癒暴力和殖民主義的歷史：

- 不要利用原住民的做法、象徵或制度來謀取私利。如果你有真正的呼召，要親近這些事物，請向可靠的修習者學習處理它們的適當方法。在你使用或拿取某樣東西之前，務必誠實地反問自己——這是你的東西嗎？該拿取嗎？

- 不要用原住民的聖地舉行新異教的儀式。當你參觀聖地時，切勿移除你可能會遇見的供品或文物。儘管你可能很欣賞那個空間的能量或美感，但是這麼做意謂著，你正走進別人的傳統和神聖空間而且盜用它。如果你對那個特定的地點有強烈的感覺，請向可靠的來源了解更多關於它的信息。
- 不要以為讀了一本書或谷歌搜尋過，就構成擁有原住民經驗的第一手知識。移民和殖民者可以從原住民的故事中學到的東西，無法與原住民活過的經歷和血的記憶相提並論。請為這些聲音騰出空間，讓它們被聽見。
- 絕不要假設有同質的原住民文化。每一個部落、民族或群體都是獨立的，截然不同的，有多少的相似處，就有多少的差異。可能會冒犯某些人的事，可能在其他地方是完全沒問題的，所以在假設之前，要先詢問尊重的問題。
- 不要把過去浪漫化了。電影、電視、書籍曾經告訴我們，關於「牛仔和印第安人」、野蠻人、殘暴的原始人的故事。這類宣傳往往將歐洲探險家和移民描繪成英雄，為「新世界」帶來文明，為空曠的土地提供文化。這抹去了實際發生的征服和暴力的歷史，而那是我們全都需要承認的。

在歷史的這個時間點，關於如何治癒這些創傷，且滿懷敬意地共同生活，存在的問題多過答案。我們有機會開啟對話，直接談論這些課題，而女巫、異教徒、原住民與土地的連結，為我們帶來一個可以運作的聚會點。如果將這片土地視為——神聖的每一個人都可以將這點擴展到共享這片土地的所有存有，而且確實以那樣的方式生活，我們就真正有機會實現更美好的未來，而那是我們大家期待的。

# 10 埋葬與泥土魔法

將物品放在地上是轉化和獻祭的行為。修習者創造某樣東西，然後把它獻給大地，希望利益或請求可以實現。大地接收物品而且轉化它。祭品可能會腐爛、生鏽、分解或融化進入土地裡。在這個過程中，物品的意圖，傳達給需要完成那份工作和同意那份請求的土系能量。與實際的土如此密切地合作，是混亂的、發自內心深處的、原始的。你正在以一種親密而個人的方式，與這個活生生的星球互動，那將會直接輕叩出生、生命、死亡、更新的循環。

基於魔法的原因而埋葬物品，有著悠久的歷史，幸運的是，已經發現了足夠多的考古證據，讓我們可以很好地了解魔法修習者在做什麼，以及他們是如何做到的。在古羅馬，詛咒被寫在鉛板上，然後埋在墳墓裡或扔進井裡。約翰霍普金斯考古博物館（Johns Hopkins Archaeological Museum）的詛咒板，收藏包括一塊明確描述詛咒一位名叫普羅蒂烏斯（Plotius）的人的詛咒板，這人被詛咒發燒燒得厲害。撰寫這則詛咒的人，把這則詛咒發給一對冥界神明普洛塞庇娜（Proserpina）和普路托（Pluto），以及看守冥界大門的三頭狗賽伯若斯（Cerberus）。這些詛咒板據說最初一直被放置在墳墓中，因為人們相信，死者的靈魂將會成為信使，將詛咒帶給被召喚的神明。

女巫瓶（witch bottle）是一種護身兼防禦符咒，起源於歐洲，在北美洲和其他歐洲人移民所在的地方也有發現。從歷史上看，這些瓶子是反制魔法的，用來轉移投向受害者的有害魔法。女巫瓶被埋在家門外的土地裡，沿著地界線，在前門或後門的門檻底下，或是安置在新建築物的地基底下。它們有時候被「埋」在建築物的某個不起眼的角落，例如高高的煙囪上、爐石底下、閣樓的偏遠角落，或密封在牆壁裡。

在英國境內發現了許多女巫瓶實例，其中一個上好的例子，被收藏在英格蘭博斯卡斯爾的「巫術與魔法博物館」（Museum of Witchcraft and Magic）。它是用「貝拉明壺」（Bellarmine jug）製成的，這是一種鹽釉炻器（salt-glazed stoneware），在十六和十七世紀很流行，主要是一側有浮雕。這只女巫瓶內有剪下來的指甲、鳥骨、一隻被認為是珊瑚製成的紅色的手、幾根大頭針、一根可能是人類的白髮。這可以用作一種反制詛咒法，防止任何下流的巫術，進入隱藏著它的住家內。它是第二次世界大戰期間在被炸毀的房屋牆壁內發現的，而且根據證據，似乎是一八九五年至一九一二年之間的某個時間被放在那裡。值得注意的是，當那只貝拉明壺被用作女巫瓶時，它已經很舊了。

考古學往往讓我們得以一窺巫術的歷史。如果挖掘時發現了不尋常的物品，而且無法將它們歸為明顯的家庭或工業用途，它們往往就被寫成「儀式物品」。二〇〇三年，在英格蘭康瓦耳郡的賽維約克（Saveock）進行的一次發掘中，隨著時間的推移，挖掘出來的東西結果證明是一系列的「女巫坑」（witch pit）。很長一段時間，這些埋葬品一直被放置在地底下，從至少十七世紀一直到現代。二〇一六年，我很榮幸能夠造訪賽維約克以及會見發現它們的考古學家賈姬・伍德（Jacqui Wood）。我獲准查看許多已被發掘的文物，而且就會用在女巫瓶內的那類物品而言，許多文物是一致的，但是動物部位的大量使用，以及這些部位被仔細且慎重地安排在坑中確實是相當驚人的。為了創造這些神祕的埋葬，人們付出了大量的思緒、用心，有些案例還冒著風險，而且很明顯，在創造這些的過程中，涉及某些高度聚焦的魔法工作。

埋葬最好在戶外進行，在天然的土壤中，但是如果你無法取得安全的私人土地，這可能會有問題。假使情況如此，請用乾淨、有機的盆栽土填滿一只大花盆，而且指定它用作這個目的。必要時，可以將小物品塞進有室內盆栽植物的花盆裡。小心謹記，植物一定需要水，而這可能會干擾你已經放入土壤中的物品。如果你住在結冰且白雪覆蓋的地方，戶外也可能會是個問題。凍融循環會導致地面膨脹和收縮、積水或隆起，而這可能會損壞埋在地下的物品。視埋葬某個物品的原因而定，這可能是好事，也可能是壞事，所以要事先規劃。

## 埋葬魔法的原因

- **滌淨**：這是一次能量滿滿的滌淨，而不是衛生清潔。儀式工具，尤其是與土元素有關的工具，例如五角星形或裝鹽的碗，是埋葬滌淨的理想選項。如果你要掩埋易碎、水溶性或內含鐵的物品，應該將物品保護起來，防止滲水以及防止被踩踏或壓碎。水晶和礦石非常適合以這種方式滌淨。土是他們的天然元素，而回歸到源頭，等於是用天然的土能量滌淨它們，且為它們增添能量。要確保你掩埋的任何水晶都不會受到水的影響。大雨可能會損壞對水敏感的礦石，例如透石膏或矽孔雀石（chrysocolla）。

● **保護**：用於防止邪惡或負面力道，或使其轉向的魔法，有時候被稱作「驅邪用魔法」（apotropaic magic）。創造或取得某件有魔法的物品，然後把它埋在你想要保護的人、地點或事物之上或附近，這是一種傳統的驅邪魔法。常見的這種魔法，是一只如上所述的女巫瓶。家養寵物（通常是貓）的屍體被用來避邪，而且被埋在建築物的開口附近、門階底下、牆壁內、嵌入地基裡，或用磚砌在煙囪內。貓的屍體被重新發現時，往往自然而然地變成木乃伊，這是由於牠們被埋葬在乾燥且相對不透氣的洞穴中。很常見基於保護而將鞋子掩埋或隱藏在建築物的牆壁中。這在英國非常流行，而且這種習俗傳遍世界各地。北安普頓博物館（Northampton Museum）登記了一千九百多雙被找到隱藏在建築物中的鞋子，大部分在英國，但是也有來自加拿大、美國、波蘭、法國、西班牙、歐洲其他地區。使用鞋子的最初原因目前尚不清楚，但是某些關於這點的理論確實引起共鳴。鞋子保有穿鞋人的形狀，而且保有穿鞋人的本質。這裡的作用可能很像女巫瓶，吸引且困住任何針對那個人的惡意能量。迄今為止發現的許多鞋子都屬於兒童，而且人們認為，這麼做是因為兒童天真而純潔，他們的鞋子會反映出這點。也可能是因為孩子長得快，鞋子很快穿不下，所以比較實用。

● **吸收**：泥土可以保有「記憶」。它有能力從沾染到它的物品、結構、生物、事件中獲取能量。你可以選擇埋葬某件物品，讓它可以吸收某個特定地方的能量，從而為它注入那份有關聯的能量。舉例來說，挑選一件可以代表住家的有情物品，然後將它埋在你家前院一段時間，這將是強大的護身符，旅行時可以帶著走，防止想家。基於魔法目的而從有意義的地方收集泥土，也是十分威力強大的。在非洲的僑民傳統中，墓地泥土因其與埋葬能量的強大連結而被使用。那位被埋葬的個體的知識、魅力、才能，被土壤「記住」了，藉由收集那樣的土壤，可以被導入魔法用途，然後將它用於需要那股能量的魔法工作中。將泥土撒在物品上，可以將泥土的能量傳遞給物品，這跟將物品埋在土壤裡一樣有效。這時候，這是哪一種方法比較切實可行的問題。

- **溝通**：土可以成為與那片土地的靈，以及其上的生命溝通的管道。為此，你可以將一則訊息寫在紙上，或是創造一件魔法物品，物品內有一則要給某位特定的靈的訊息，然後將物品埋起來，讓你的訊息可以被土地吸收。同樣的辦法也可以用於向冥界或祖靈傳送訊息。訊息以及供品最好是可生物降解的，可以被交付給大地，大地將會逐個轉化和傳送它們。
- **詛咒**：寫下詛咒的細節，然後將詛咒埋起來，這是歷史悠久的魔法實務。上述提到的鉛板提供絕佳的實例，說明這事如何執行，而且你不需要使用鉛板就可以完成這事。

將你的訊息刻在一塊黏土上，或是把它寫在紙上也有效。重要的是，要花些精力，聚焦在你正在做的事。你的魔法只會和你投入其中的想法和意圖一樣有效。如果你真的對詛咒某人感興趣，請確保這是基於某個很好的理由，而且要做好準備，迎接可能會返回到你身上的任何後果。如果這是針對另一位魔法修習者，對方很可能會很清楚地偵測到正在發生的事，且將同樣的東西送回給你，所以行動之前，務必三思。我堅信，詛咒有它發揮作用的時間和地點，但必須是深思熟慮且規劃周密的。

● **顯化**：有什麼是你希望看見在你生命中成長的？把你想要顯化的東西寫在一張紙上，或是用可生物降解的材料象徵性地創造它。這應該是相當小、你可以放在手掌中的東西。在地上挖一個坑洞，或是在一盆新鮮的有機盆栽土內挖一個坑洞，將你的紙或物品放進去。用一層土蓋住它，然後加入幾顆種子或一株幼苗，同樣用土覆蓋好。為你的新植物澆水，好好照顧它。觀想你想要顯化的東西隨著植物的成長而生長出來。這類法術需要一些時間才能起作用，因為它需要植物「生根」所需要的時間。基於這個原因，最好種植可以快速生長的東西。像金蓮花或向日葵這樣的花，效果很好，或是像羅勒或芫荽葉這樣的草本植物，應該全都在七至十四天內發芽冒出來，且在幾週內達到成熟的大小。種下一棵橡實，然後等待成熟的橡樹，嗯，那會是一輩子。

## 製作女巫瓶

創作女巫瓶是一趟實際動手、非常有觸覺的體驗。收集組成女巫瓶的各個部分，應該是非常專注且慎重的活動。製作女巫瓶的目的，是要保護與瓶子密切連結的人和地方，抵銷即將到來的威脅。

### 找到一只瓶子

首先找到一只吸引你的玻璃瓶，有緊密的蓋子或塞子。你想要一只不會漏的瓶子。它可以是任何類型的瓶子，但是玻璃或陶瓷瓶子效果最好，而且會被認為比較傳統。請不要用塑料瓶。小一點的，一或兩杯容量的瓶子最實用了。因為若要裝滿一只加侖罐，尤其如果你選擇使用尿液作為材料，那可能不像聽起來那麼好玩。設法確保瓶口夠寬，可以放進你選擇的物品。

## 收集材料

接下來，為你的女巫瓶收集固態材料。請記住，你正在為你想要防止的負面力道，製造一個「陷阱」。你的陷阱應該包含引誘負面力道的元素，然後監禁負面力道，使它無法傷害你。

建議的固態材料包括：

- 彎曲的針
- 生鏽的釘子
- 玻璃碎片
- 帶刺鐵絲網
- 魚鉤
- 剃鬚刀片
- 有刺植物
- 鹽

• 灰燼
• 大頭針
• 糾纏的紅線
• 有害的草本
• 鐵鏽

好好決定你想要用什麼來設下誘捕的陷阱，同時將你的瓶子連接到你自己。這個概念是要把你自己的某樣東西放進瓶子內，讓有惡意的能量被它吸引，而不是來到你身上。剪下來的指甲、頭髮、血液、精液、尿液，全都會有不錯的效果。血液和精液對魔法來說非常有效力，所以只要幾滴就會生效。如果你選擇加入血液，當地藥房有賣採血針，也就是那些用來做血液檢測的無菌一次性針頭。刺破手指然後收集幾滴即可。先把雙手澈底洗乾淨，而且準備好無菌繃帶，扎完針後使用。

剪下來的指甲和頭髮也只需要少量，可以從頭上拔幾根或剪幾根頭髮，或是快速修剪手指甲或腳趾甲，那會達到很好的效果。

至於液體材料，尿液很容易收集，而且象徵性地就可以。我想像這就像一場「小便競賽」，好像一隻狗在另一隻狗的小便上撒尿，說明這是我的地盤。如果你不打算使用尿液，則可以使用醋、紅酒或海水代替。用液體的概念，是要淹沒或溺死有惡意的能量。加完固態材料之後，用足量的液體加滿你的瓶子。你最後需要的東西是一根蠟燭或幾滴蠟，可以熔化後密封女巫瓶。

我的女巫團曾經聚在一起，為我們正在進行的某些保護工作製作女巫瓶。我們每一個人負責製作一只女巫瓶。我們喝了一大杯一大杯的茶，然後每一個人輪流溜進浴室收集自己的尿液。我們非常聚焦在手頭的任務，而且在戶外工作，只是為了確保如果有任何尿液溢出來，它們會被草地而不是地毯吸收。帶著裝滿小便的塑料啤酒杯剛從浴室回來，我的女巫團同伴笑著說：「好吧——如果你還沒有準備好在杯子裡小便，這個巫術可能不適合你。」

## 精心製作你的女巫瓶

將製作女巫瓶需要的所有材料，聚集在你的工作空間裡。你可以把製作女巫瓶當作某場儀式的一部分，也可以直接動手製作，但是建議你，至少花些時間讓自己扎根接地，以及集中你的意圖。這事可以像下述一樣簡單：

閉上眼睛，雙手手掌向下，放在工作台或祭壇上。做幾下深呼吸，讓心智清明。允許臉部放輕鬆，覺察到身體有什麼感覺。給自己一些時間伸展一下，感覺舒舒服服。睜開眼睛，拿起你的瓶子，觀想你正要保護的地方和人。開始將你選擇好的材料裝入瓶子。慢慢來，動作不慌不忙。

在瓶子內留下足夠的空間，給你要加入的液體。我喜歡用我選擇好的材料，將瓶子填滿到不超過三分之一至一半。

如果你在意的惡意能量，是某個特定的人或事物，你可以在你的瓶子上增加一個代表它的象徵。這可以是一張照片，或是一張紙，上面有對方的名字或它是什麼的描述。把照片或紙撕成兩半，捲起來，然後塞進瓶子裡。

現在加入液體，這就是漏斗派上用場的地方。小心翼翼地倒入你的尿液、醋、酒，或海水（或那些東西的組合）。將蓋子或塞子蓋在瓶子上，確保擰緊了。

最後一步是融化足夠的蠟，把瓶子密封起來，讓瓶內的東西不會漏出去。你可以點燃蠟燭，讓蠟滴在蓋子上，趁蠟還熱時，用手指塑形，或是你可以在小型平底深鍋內用爐子上的小火輕輕熔化蠟片。讓平底深鍋離開火源，小心翼翼地將你的瓶子倒過來，浸入蠟中，在兩次浸入之間，要讓蠟冷卻，直到女巫瓶密封好。

你可能也想要用油漆以標誌或符咒裝飾你的瓶子。你可以在瓶子上滴更多的蠟，用蠟將有害的草本或有刺植物，黏在女巫瓶的外面。

## 埋葬瓶子

最後一步是埋葬你的瓶子。歷史上的女巫瓶，曾被發現埋在房屋的門檻底下、爐床底下、內牆。對大部分的我們來說，這八成不是選項，但是它讓你了解到，重要的是，將女巫瓶藏在安全的地方以及埋入地下。如果你有附屬於房屋的土地，你可以將女巫瓶埋在房地產較遠的角落，或是沿著地界線的戰略要地，或是其他閾限的、類似邊界的空間。我已經規劃在花園整修時（例如建造新的籬笆）製作我的女巫瓶。在設置籬笆柱的時候，我備妥了一些小小的女巫瓶，準備放入地下深深的柱洞中。這確保它們被深深埋在地下，且沿著標記我的房地產合法邊界的測量線。如果戶外埋葬不可能，那就將瓶子埋在花盆裡，而且把花盆放置在你家的大門旁。

有些民間傳說表示，女巫瓶在埋葬時應該要倒置，可以進一步混淆邪靈，有些則建議正面朝上，瓶內的東西才不會漏出來。請信任你自己的直覺，而且視你的情況而定，以感覺恰當的不管什麼方式放置你的瓶子。

只要女巫瓶被藏好且完好無損，女巫瓶的保護力量就會一直存在。當你感覺不再需要它的時候，或是如果要搬家，你可以選擇將它挖出來、移除掉。這由你決定。我選擇把我埋好的女巫瓶留下來。可能我只是暗自發笑，因為知道也許某一天，某人將會發現它，然後很想知道它是什麼，以及是誰把它放在那裡的。

有一次，我在演講，談論著法術，然後談到了女巫瓶的話題。我描述了傳統女巫瓶的材料，例如生鏽的釘子、玻璃碎片、大頭針，而且建議女巫瓶應該要包含令人不快的東西，讓有惡意的能量可以「踏」上去。我說到這裡時，出現了幾張鬼臉和「哎喲」的驚嘆聲。當我停下來喘口氣時，其中一位參與的女性，恰好是那群人中最安靜、最甜美、最謙遜的人，她用低沉的嗓聲說道：「我會把樂高放進瓶子裡。」這話讓大家笑翻了，而且大家都同意——安靜的人最危險。

## 墓地泥土

基於儀式目的，使用來自墓地的泥土可以追溯到古埃及，而且是今天非洲僑民宗教、巫術、民間魔法的修習者使用的一種材料。使用墓地泥土背後的概念是，埋在地下的人的能量和智慧，已經滲透到他們所在的周圍土壤中。當一個人死去時，他們的靈魂可能會繼續前進，但是他們的才能、知識、實力，會被交付給大地的身體所銘記。當我們收集這種泥土時，它就變成魔法的力量成分。

若要收集墓地泥土，你首先必須確定你想要從哪個墳墓收集泥土。與你有關的人或你在現實生活中欽佩的人，他們的墳墓將是一個不錯的起點。一個人的特徵將會幫助你確定土壤的用途。舉例來說：

- 如果你的曾祖父是一位因為英勇而得到許多勳章的戰爭英雄，那麼來自他的墳墓的泥土，勢必適合用於保護和勇氣法術。
- 如果你已故的姑婆是一位成功的醫生，那麼這樣的泥土勢必適合療癒法術。
- 如果你夠幸運，可以到你最愛的作家或音樂家的墳墓朝聖，那麼這樣的泥土就適合用於創造力法術。

到達墳墓後，花些時間與那裡的靈溝通。與你想要取用的墳墓泥土的靈聯繫，請求准許拿走一些泥土。如果感覺不對勁，就不要那麼做。

你只需要少量的泥土，夠裝一小罐或一小瓶即可，所以到達時，請準備好你的容器和勺子或小鏟子。你還需要帶樣東西作為禮物或祭品留在墳墓旁，交換你要帶的東西。這在使用墓地泥土的傳統中很常見，必須要遵守。上述傳統的慣用物品，包括蘭姆酒、威士忌、咖啡、硬幣、鮮花、香或菸草。你可能知道死者會欣賞且特別喜愛的東西，選擇把那樣東西留下來。

挖出泥土時，確保沒有帶走或損壞可能在現場的任何植物生命，而且在草皮裡切一塊，小心翼翼地把草皮拉起來。只挖出你需要的分量。把你的祭品塞進洞內，再把草皮放回去。視墓地有多少活人進進出出而定，你或許應該帶些鮮花來。看見在墳墓上擺弄鮮花是很正常的事，你應該能夠在不引人注意的情況下謹慎地拿取一些泥土。走出墓地時，你應該後退著走出大門，或是先轉身三圈，再離開。據說這麼做是要混淆任何可能試圖跟你回家的靈。

你的墓地泥土瓶是有效力的，所以大部分的法術只需要一小撮或一小匙。你可以將墓地泥土加入玩偶、符咒袋或女巫瓶之中。把墓地泥土撒在你家的外圍，可以阻擋不速之客（包括看得見和看不見的）遠離你的家門。在薩溫節（Samhain）時在你的祖先祭壇上，放一碗墓地泥土將有助於與死者溝通。

收集和使用泥土有許多傳統特定的習俗，所以如果這麼做的想法驅動著你，做些額外的閱讀和研究是值得的。

## 賽維約克坑

世界各地都發現了用於魔法用途的埋葬物品，但是沒有一個像考古學家兼研究員賈姬·伍德發現的墓葬那樣令人著迷。這些「女巫坑」是在她自己位於英國康瓦耳郡的土地上發現的，三十多年來，她一直在那裡以古老的家事方法生活著、挖掘著、實驗著。她也是幾本著作和研究論文的作者，包括：《史前烹飪》（*Prehistoric Cooking*）；《品嚐過去：從石器時代到現在的英國美食》（*Tasting the Past: British Food from Stone Age to Present*）；《懸崖夢想家》（*Cliff Dreamers*），一部以中石器時代為背景的冒險系列。

第一次發現那些坑，是我在我的土地上挖掘一座中石器時代的黏土平台。那座平台可以追溯到距今一萬零五百年前，是人造的，鋪設在一條起拱線上方的泥炭上。這是為了創造通向在河邊捕魚的入口，也是為了在他們的捕魚陷阱旁邊，騰出可以建造季節性住宅的地方。我覺得，這是非常意義重大的，也是那些坑挖在這個區域的原因，因為黏土使地面變得潮濕，唯一在那裡茁壯成長的植物是軟軟的燈心草（學名：*Juncus*）。

我認為坑設置在那裡有兩個原因：其一，因為它們是在起拱線的能量頂端；其二，因為在燈心草裡挖一個坑，然後把燈心草放回頂部，就不可能看見任何東西被設置在那裡。燈心草往往出現在田地的潮濕區，且通常被農民用柵欄隔開，避免人們走過，也不在上面建造。因此，設置這些坑的人們可以非常確信，它們不會受到干擾。此外，由於環境潮濕，坑的內容物會被很好地保存下來（情況確實如此；羽毛看起來仍然很新，即使某些案例可以追溯到一六四〇年）。

就那樣，無人打擾，直到我來了，移除掉所有的土壤，向下來到整區的黏土層，一絲不苟地挖掘著中石器時代的營地。直到二〇〇三年，我們才挖掘出了第一批坑，這些坑是矩形的，大約長三十六公分、寬二十七公分，切入黏土平台。當我們挖進坑裡時，開始發現羽毛附在側邊。

關於這些坑，第一個聯想是，它們只是拔毛坑（當為了加菜而拔鳥毛的時候，農民會把鳥毛放入坑內，方便容納羽毛，然後處理掉）。然而，更仔細檢查，我們發現羽毛仍然附著在鳥的皮膚上，皮膚那面朝下放著，形成了美麗、整齊的羽毛襯裡。這隨後推翻了拔毛坑的想法，因為一隻鳥最美味的部分通常是煮熟後的皮膚，而且沒有農民會浪費這樣的資源。

我們發現的第一座坑布滿了棕色羽毛，就像今天仍然在這座山谷上空飛翔的鵟鷹或鷹的羽毛。坑底是一堆小小的水磨石，摻雜著不同種類的鳥爪。下一座坑布滿了白色羽毛，我們已經鑑定過它們是天鵝羽毛和絨毛。這澈底改變了我們對這些坑的看法，因為自十二世紀以來，在英國境內殺死天鵝一直是非法的，所有野天鵝都歸王室和幾個公國所有。

我們聯繫了位於博斯卡斯爾的巫術博物館，該館被描述成擁有世界上最大的巫術相關珍品和蜉蝣收藏之一。當館方一位主管來看這些坑的時候，他說他以前從來沒有見過或聽過這種做法，認為它們意義不大；他把它們比作從地下挖到的女巫瓶。

長話短說，到了二〇一九年，我們已經挖掘出五十五座坑。不少坑在古時候就已經空了，只留下羽毛、石頭或毛皮的痕跡，暗示它們的原始內容。每一座坑都有一堆小石頭，我們已經請地質學家分析過了；他們斷定這些石頭來自二十四公里外的一座湖。所以，我們當時知道，這不只是這座山谷當地的做法。大部分的坑是長方形，或南北向或東西向排列；挖掘出來的只有一座圓坑。這座坑布滿了天鵝羽毛，而且兩隻喜鵲的兩邊有五十五顆蛋，其中七顆內有準備孵化的小鳥。這座坑可以追溯到一六四〇年。對於一個群體來說，冒險殺死一隻天鵝並埋下五十五顆蛋，其中七顆內有準備孵化的小鳥，這是認真而慷慨地恪守對信仰體系的承諾。

到了二〇〇八年，我們開始發現動物坑：一座布滿貓毛皮的貓坑，有貓爪、牙齒、毛皮上的鬚，而且在坑底向上一半處砌了一大塊石英。這塊石英擋住了二十二顆蛋，蛋內全都有準備孵化的小鳥。那座坑可以追溯到一七四〇年。然後有一座豬坑和一座狗坑。狗坑內有一隻狗的骸骨，擱在牠自己布滿坑內的毛皮上，狗的兩腿之間夾著一塊煮熟的豬下顎；這可以追溯到一九五〇年之後。這被全球媒體拍攝下來，最後成為一部以這些坑為基礎的國家地理電視紀錄片。

最新的一批坑是在二〇一〇年找到的，當時我挖掘了一座坑且將它放在YouTube

上，整個挖掘過程沒有經過剪輯，這就是賽維約克坑（**Saveock Pit**）。這座坑布滿兩種山羊毛皮，坑底放著一隻小山羊的四條腿。山羊的下巴在一側，嵌在一塊塑料上，脖子上纏著橙色的打包麻繩。這種麻線直到一九六〇年才被發明出來，直到一九七〇年才在康瓦耳郡使用。所以，在我看來，毫無疑問，這種以前不為人知的信仰體系，在康瓦耳郡仍然非常盛行，而且仍然是一種只有參與的人才知道的做法。

一座我們查不到時間的坑，在那座蛋和喜鵲坑旁邊，坑內有小天鵝的羽毛。一名學生在清理這座坑的時候，太費心了，於是在那些羽毛後面發現了一堆褪色得非常厲害的印刷紙。兩年來，每次坑內太濕無法挖掘時，我的學生們都會用鑷子和放大鏡，設法在那張印刷紙上找到隻字片語，可以告訴我們這座坑的日期。然後我們終於找到了。我覺得一個字明確地告訴我們，這座抗是什麼時候挖的，那個字是墨索里尼。所以，一座內戰坑被放置在二次世界大戰坑旁邊。

不過我發現，最令人費解的事情，是坑在這片沼澤中的布局。在英國內戰（一六四二年至一六五一年）期間，當時很重要的是，在獵殺女巫的時候，不可以留下任何祭祀坑的痕跡。正如我之前說過的，當你把坑頂的燈心草放回去的時候，坑便完全看不見。如果古時候已經清空了不少的坑，那些人又是怎麼再次找到這些坑的呢？他們不會留下棍棒或記號，因為那麼做就破壞了保守祕密的目的。

關於這些坑，真正不尋常的東西是，這套信仰體系在我居住的山谷內，已經實踐了三百五十多年，然而卻沒有任何地方被記錄下來。通常，也許在某個家庭失和之後，某人可能會告訴某人「是的，我的家人挖坑」等等，這就是大部分的實務做法，如何成為民間傳說且多年來被學者們記載分類。這是完全由考古學發現的第一個未知信仰體系的實例。

人們時常對我說：「你不想找出他們是誰嗎？」我總是說不想。我尊重他們的信仰，而且並不想找到他們，所以他們的坑有我照顧是安全的。

——**賈姬・伍德**

＊＊＊＊

## 我們雙腳底下的魔法

在異教徒的聚會上，我偶爾看見人們穿著一件T恤，上面寫著：「異教徒：我們簡直崇拜你們行走其上的土地。」有許多證據顯示這是真實的。從實際的土壤和石頭，到可能埋在土裡的奇怪而精彩的文物，關鍵就在你底下的土地，有許多可以學習和處理的。不要將大地、沙子、塵土、地上砂礫的固有魔法特性，視為理所當然。它具有一股生命和能量的力道，可以豐富你的魔法，可以保護、創造、毀滅、記憶。

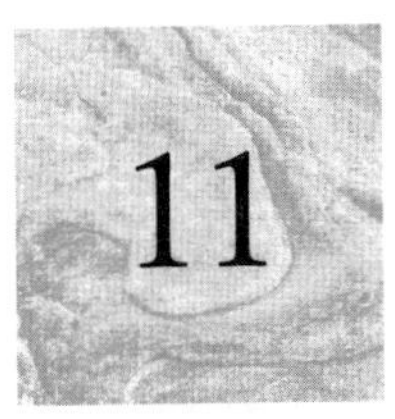

# 11 土系儀式與法術

有許多方法可以將土元素融入你的魔法中。儀式可以聚焦在某個土系主題上：療癒、財務、事業或住家和爐床。法術可以包含土的成分，例如鹽、泥土、石頭、骨頭、沙子或植物。顯化物質產品或召喚土系能量，且將它導向某個目標的魔法，也被視為土系魔法。你可以運用五角星形為某個物體增添能量，分享祭祀食品，或隨著鼓的土系節奏動動你的物質身體。在神聖的空間中製作某樣東西，一只符咒袋或拌勻一罐黑鹽，也是在你的技藝中顯化土。留意你在地球上的魔法足跡，盡可能地在你的儀式和法術施作中，使用天然的、可生物降解的材料，這是任何魔法修習者最起碼可以做到的，以此回饋這個供養我們且為我們的實務做法提供能量和靈感的星球。

# 聖化五角星形的儀式

聖化某項魔法工具，等於是將工具獻給它的魔法用途，要滌淨它之前的任何能量和依戀，而且為它做好準備，迎接作為神聖物品和魔法器具的新用途。

一旦你取得或創造了一顆你喜歡的五角星形，那就是時候到了，該要聖化它且將它放在你的祭壇上運作，將你與它的關係正式化。

材料：

你的新的五角星形

一碗鹽

一碗水

土系屬性的香

代表北方的蠟燭（土系色彩）

代表火的蠟燭（紅色、橙色或黃色）

大地女神的雕像或標誌

大地男神的雕像或標誌
適量的祭祀食品，比如小蛋糕或餅乾，讓在場的每一個人都可以享用一些，外加一份獻給神明
你的日誌

儀式開始，先設置好你的祭壇或作業空間，用上面列出的物品，以及對你來說代表土且有助於強化土系心境的任何其他物品。這可能包括例如盆栽植物、岩石或水晶、神像等物品。

調整設置的方向，以便在執行儀式時，你是面向北方的。將你的五角星形放在你的祭壇的中央，鹽碗、水碗、香、火系蠟燭圍著它擺放。點燃火系蠟燭。將北方蠟燭放在祭壇的北方，暫時不要點燃。

如果你使用自燃木炭來燃燒散香，現在點燃吧。

首先讓自己在祭壇前，面朝北方。閉上眼睛，讓自己扎根接地。

一旦你確信你充分扎根接地，準備好要開始了，就點燃北方蠟燭，說道：

「北境的靈們，土元素啊！我從地球的深處，
從山洞和青翠的山谷，
呼喚你們來到這裡。
我從午夜時分和最陰暗的夜晚呼喚你們。
帶來你們古老的智慧以及成長、豐盛、繁殖的力量
祝福和祝聖這個儀式吧！」

將你的注意力轉向大地女神雕像或標誌，說道：

「萬物偉大的地球母親啊，
在我確實祝福和祝聖這尊土的標誌之際，
我召喚你前來滋養和引導我。」

暫停片刻，讓你的話沉澱，然後將你的注意力轉向大地男神雕像或標誌，說道：

「偉大的大地之父啊，

在我確實祝福和祝聖這尊土的標誌之際，

我召喚你前來保護和見證我。」

暫停片刻，然後拿起你的五角星形，雙手握住它。感覺它多麼堅固，並用你的手指描繪它的線條。當你將這番觸覺體驗植入你的記憶中時，點燃你的香。

拿著你的五角星形穿過薰香煙霧，說道：

「憑藉風元素的力量，

我確實祝福和祝聖這顆五角星形，

吹走任何可能帶來傷害的污染。」

拿著你的五角星形畫過蠟燭火焰的上方，盡可能地靠近，不要燒傷自己或五角星形，說道：

「憑藉火元素的力量，

我確實祝福和供奉這顆五角星形，

燒掉任何可能帶來傷害的污穢。」

用你的手指灑些水在五角星形上，說道：

「憑藉水元素的力量，

我確實祝福和供奉這顆五角星形，

洗去任何可能帶來傷害的雜質。」

拿起一大撮鹽，用鹽揉搓五角星形的兩面，說道：

「憑藉土元素的力量，

我確實祝福和供奉這顆五角星形，
當土與土相遇，土創造土，
為我們的工作奠定堅實的基礎，
富含我們的魔法需要成功而真實的營養。」

將手裡五角星形舉到頭頂上方，說道：

「以地球母親和大地之父的名義，
我祝福和供奉這顆五角星形。
所願如是。」

把你的祭祀食物放在這顆五角星形上。運用你感到舒服（不管什麼方式）的技術，提升能量且將能量導入食物中。與任何其他參加者分享這場小型盛宴，保留一部分放在戶外，作為獻給神明的祭品。

當你的盛宴結束後，熄滅火系蠟燭。感謝地球母親和大地之父的光臨。花些時間反思一下他們在儀式中的臨在感有多強。

將你的五角星形放在你的祭壇的中央，設法確保清除任何碎屑，然後再次花些時間用手指描繪它的線條，在雙手中感受它的重量。

看向北方蠟燭，說道：

「北境的靈們，土元素啊！

感謝你們參加這場儀式。

請返回到地球的深處，返回到山洞和青翠的山谷。

返回到午夜時分和最陰暗的夜晚。

你們古老的智慧以及成長的力量、你們的豐盛和繁殖力，

被好好接收了且十分感謝！」

吹熄蠟燭。把祭品帶到戶外，如果有可能，把它留在樹木或岩石旁。如果無法外出，那就將它包好在可生物降解的包裝中，直到你可以外出為止。

## 關閉住家儀式

搬到新家可能是一次令人不知所措的體驗。可能很難將一個擁有快樂回憶和深厚情感依戀的地方拋諸腦後。將物品打包好是一回事，但是你該如何傳遞一個地方的能量和精神呢？

理想情況下，這場儀式應該囊括住在你家裡的每一個人。你可以將這點擴展到囊括經常來訪的任何人。對小孩子來說，這是好玩的儀式，對於可能與你住在一起的非異教徒來說，這是不錯的儀式。你不需要建立魔法圈，只需要幾件簡單、容易取得的物品。

並不是所有住家都是幸福的。在開始這場儀式之前，你必須聚焦在只隨身攜帶那個地方的正向能量和記憶。就極端的例子而言，你可能什麼東西都不想帶走。如果這適用於你的情況，請見下文。

材料：

一根在防火容器中的蠟燭，你可以帶著走

防煙滅燭罩（如果你沒有防煙滅燭罩，可以用湯匙代替）

容器中的香，帶著到處走很安全（線香或散香效果同樣好）
家庭成員或常客充當幫手

先打開家中室內的每一扇門。打開所有壁櫥、碗櫃、可以爬行的空間等等。天氣允許時，打開所有的窗戶。打亮每一間房間內的每一盞燈。

將你的幫手們聚集在家中最高點的房間內，離前門最遠。舉例來說，如果你家有一間可以進出的閣樓，請從那裡開始。如果你住在單層平房或公寓，依據情況做相應的調整，重點是盡可能地遠離住宅的大門。

當每一個人都在最遠的房間時，站成一圈，然後表達你對這場儀式的意圖，說些如下的話：

「我們聚集在這裡，
正式結束我們在這個家的時間。
我們將收集美好的回憶，
將它們打包好放進這根蠟燭的火焰中。

我們將會用這款香的氣味和煙霧滌淨這個空間，讓這個家可以準備好迎接它與新居民的新生活。」

點燃你的蠟燭和香。形成一列，拿蠟燭的人在前，接著是拿香的人。排在最後的應該是「關門的人」，這人負責在大家後面關燈和關門。如果沒有人可以扮演每一個角色，那就依據情況做相應的調整。

一開始以逆時針方向走過整間房間。讓燭光照遍每一個角落，接著是香，讓煙霧飄送到整個空間。當你經過窗或門時，關上那扇窗或門。當你經過電燈開關時，關掉電燈。「關門的人」應該是最後一個走出房間的，關上儀式小隊身後的那扇門。

當你穿過住家時，隨著你的經過，回憶一下你在每一個空間中記得的美好事物。你在那裡慶祝什麼呢？在廚房裡做飯，你最喜歡的記憶是什麼？想起有個客人睡在你的沙發上嗎？當你從一個房間移動到另一個房間時，讓你的幫手們加入一些有趣的回憶，分享一些笑聲。

盡可能地以接近逆時針的模式穿過整個住家。進入每一間房間、走道、任何大到可以踏進去的壁櫥，用蠟燭照亮，然後用香的煙霧熏一熏。

當你拿著蠟燭時，觀想你在那個空間中慶祝的所有美好時刻，都盤旋進入蠟燭的火焰之中。觀想曾在家中與你共度優質時光的人們的面孔，以及你們一起做過的正向事物被打包進入到燭光之中。

就像任何打包搬家的過程一樣，你可以挑選想要隨身攜帶的物品，丟棄你想要擺脫的任何東西。不要將你不想要保留的任何東西打包進入蠟燭中。

從房子的最高點移動到最低點，最後走過整個地下室。如果有任何你曾以某種有意義的方式，使用過的附屬建築物，你也應該考慮透過那些過程處理。

當你完成了你的逆時針模式，你家的所有區域都已經被「打包」了、用香熏過了，所有的燈都關閉了，所有的門和櫥櫃都關好了，從大門走出去。站在你從前的家的外面，感謝它提供過的庇護，感謝那些回憶。

用你的防煙滅燭罩熄滅火焰。觀想你已經收集到的正向東西，被推入蠟燭之中，儲存在那裡。小心翼翼地將你的蠟燭包裹在布裡，安全地存放好，直到你搬入新家。

如果從前的家對你來說只有壞能量，那就收集好你不想要留下的任何能量，把它儲存在蠟燭裡。用黑布把這根蠟燭包裹起來，埋好。或是，如果你進入某個你可以在戶外生起一簇火的地方，就把蠟燭燒掉。

## 開啟住家儀式

當你抵達新家時，選擇一個可以慶祝並舉行住家開啟儀式的時間。這基本上與關閉住家儀式相同，但是反向。

材料：

你用來關閉舊家的那根蠟燭

容器中的香，帶著到處走很安全（線香或散香效果同樣好）

家庭成員或常客充當幫手

儀式結束後的慶祝食物和飲料

首先關閉所有門窗，關掉所有的燈。

從大門走進你的新家。你一越過門檻，就點燃你的蠟燭和香。說出你的意圖，說些類似這樣的話：

「我們心中懷著愛與和平迎接這個家。
願我們帶來的甜蜜回憶被釋放，
願它們與更多即將到來的美好時光和快樂記憶，結合在一起。
願我們與家人和朋友一起，
在這裡得到安慰且找到平靜！」

形成你們的隊伍，「開門的人」在前，打開所有門和窗，打亮所有的燈。接下來是拿香的人，他將會用香的煙霧熏一熏這個空間，隨後是拿蠟燭的人。

當你拿著蠟燭時，觀想來自舊家的美好記憶和能量被「解開」，從蠟燭中傾瀉而出，用光填滿你的新家。

以順時針模式移動，繞行每一間房間，打亮燈，打開門、窗、櫥櫃。用滌淨的薰香煙霧熏一熏每一個區域，用蠟燭照亮每一個角落和縫隙。設法以盡可能接近順時針的模式移動，穿過整個家。從大門，從家中的最低點移動到最高點（地下室到閣樓）。移動穿過新空間時，談談你對新家的計畫。邀請團隊的其他成員，加入他們的希望和夢想。

當你完全打開了整個家，而且所有的門窗都敞開了，所有的燈光都亮了起來，讓你的蠟燭繼續燃燒，同時你和你的儀式團隊，拿出一些食物和飲料分享。這場盛宴不必花俏。慣常的搬家日披薩和啤酒就足夠了，或是你手頭上剛好有的不管什麼小吃和飲料都行。

## 植物魔法——製作藥物

能夠在自己家中獲得和創造有效的治療法，是令人有力量且充實滿意的。我在此囊括了兩個運用不同技巧的簡單配方。你不需要出門購買任何特殊或昂貴的東西，就可以成功釀造它們。

### 浸劑

草本浸劑是一種非常實用的方法，從植物中提取營養和藥用精華，而且容易食用。浸劑（infusion）本質上是一種茶，但是你使用較多的植物體，而且浸泡時間也長許多。這個過程產生顏色較深、味道更濃的飲料。較長的浸泡時間，讓草本植物可以釋放更多的藥用屬性。浸泡草本的時間長度沒有硬性規定；可能需要從三十分鐘到一夜之間。

我使用一公升的玻璃罐製作浸劑，這為我帶來大約四杯可以飲用的液體。如果你發現浸劑有令人不快的味道，請記住它對你有好處，不管怎樣，還是喝吧。你可以添加一些蜂蜜讓它變甜，而且你可能會發現，熱熱的喝、冷冷的喝，或在室溫下飲用比較美味。製作浸劑時，加入一些乾薄荷葉有時候可以幫忙提味。

### 蕁麻浸劑

我最愛的浸劑是用蕁麻（學名：*Urtica dioica*）製成的，這種營養豐富的植物遍布世界上大部分地區，而且時常被認為是雜草。它在北美、歐洲、亞洲部分地區、北非都很常見。它可以沿著河川和溪流生長，在部分遮蔭的地區到陽光充足的地方。它在潮濕、富含氮的土壤中茁壯成長。我喜歡從流過我家附近的野外河岸，採集我的蕁麻。它在健康食品店也很常見，以乾燥的形式出售。如果你有空間，將一些蕁麻移植到你的花園中是值得的。

收穫蕁麻可是一件棘手的家務活，因為蕁麻之所以叫做「有刺的蕁麻」（stinging

nettle）是有原因的——它確實會刺人喔！這種植物的葉子和莖上有細小的毛，被觸碰時，這些毛會裂開，釋放出造成皮膚發炎的化學物質組合。這個問題很容易解決，只要在收割時穿長袖，最重要的是戴手套。如果你最終真的出現刺痛性皮疹，大自然已經提供了療法，通常可以發現這種植物與蕁麻生長在同一棲息地。可以將車前草葉（plantain leaf）或羊蹄葉（dock leaf）壓碎，用作膏藥塗抹在皮疹上，可以中和刺痛。爐甘石洗劑（calamine lotion）也方便去除這類刺痛。

收割後的蕁麻很容易晾乾。把蕁麻捆紮成小而均勻的一束束，然後懸掛在涼爽乾燥的地方，直到它完全乾透。將乾燥的葉子從堅硬的莖上剝下來，存放在罐子裡，避免陽光直射。

材料：

1公升／1夸脫有蓋子的玻璃罐

28公克乾燥的蕁麻葉

很熱的水

細網篩或粗棉布

將乾燥的蕁麻放入玻璃罐中。把水煮到即將沸騰。關於是否應該用沸騰的水製作浸劑，目前有些爭論。有人說，沸騰的水會破壞植物體內微妙的化合物，其他人則說，這無關緊要。我的建議是，把水煮到即將沸騰；這樣的水效果不錯，而且你不會冒險破壞任何東西。將罐子裝一半的水。這時，乾燥的蕁麻容易浮到頂部，所以花些時間用不會起反應的東西好好攪拌一下，例如筷子或木勺的把手。用更多的水將罐子裝滿。立即蓋上蓋子，將易揮發的化合物保留在罐子內。讓它靜置至少四小時，但是靜置十二小時效果最好。我喜歡在睡前製作蕁麻浸劑，這樣早上起床就可以飲用。

當浸劑完成浸泡後，用篩子過濾。浸泡過的蕁麻變成絕佳的堆肥，所以如果可以，不要扔掉它。

蕁麻浸劑是土系屬性且非常清爽的飲料。我把它稱作「我的沼澤水」，因為它是暗綠色。對我來說，室溫時，蕁麻浸劑的味道最好，但它也是不錯的冷飲。蕁麻浸劑在冰箱裡可以保存幾天，但是一旦你製作好一些蕁麻浸劑，在當天喝完其實最好。

蕁麻浸劑是絕佳的提神飲，它富含葉綠素，維生素，尤其是A、C、D，而且內含蛋白質、鈣、鐵、葉酸、鉀、鎂、錳、磷、硒、鋅。為了飲用而製作的蕁麻浸劑，也可以用作沖洗型護髮素，可以增強頭髮的光澤，治療頭皮屑。

在處理腎上腺疲勞的時候，我發現了蕁麻。我的當地草藥師建議我試試看蕁麻，而蕁麻為我帶來能量和幸福感。它還可以協助對治失眠、防止過敏、維持泌尿功能健康。

## 酊劑

製作酊劑比浸劑複雜，而且需要更多的工夫和投資。它們也需要浸泡更長的時間。關於酊劑（tincture），方便之處在於，酊劑是一種非常簡潔的方法，可以保存植物的藥用精華，而且可以長時間存放。最好的貯存方法，是用有內建滴管的彩色小玻璃瓶。如果你找不到那些，凡是有緊密蓋子的深色玻璃瓶也可以。一小瓶酊劑很容易隨身攜帶，既可以添加到液體中飲用，也可以將一劑酊劑直接滴在舌頭底下。

酊劑的製作過程好玩又相當簡單：

1. 挑選你的溶劑。溶劑是你將要使用的液體，最常見的是酒。任何便宜的、八十度的伏特加都是不錯的選擇。它有一種相當中性的味道，而且效果不錯。我也實驗過蘭姆酒和白蘭地。只要你有至少八十度（80-proof，四〇%酒精）的酒，而且喜歡那種酒的味道，效果應該就會不錯。絕對不要使用消毒酒精；它是有毒的。如果你不適合喝酒，可以改用醋（蘋果醋有其自身的藥用特性）或食品級植物甘油。醋的儲存期比酒短，而在提取植物的化合物方面，甘油的效率不高。

2. 用熱水和肥皂清潔和消毒玻璃罐。用熱水將玻璃罐沖洗乾淨。如果使用醋，塑料蓋效果最好，因為金屬會腐蝕。

3. 你要用新鮮草本還是乾燥草本呢?兩者都可以，但是新鮮的效果較好。把草本完全切碎或撕碎，裝滿你的罐子。

4. 將溶劑倒入裝了草本的罐子中，確保溶劑完全蓋過草本。用筷子或木勺柄攪動，把氣泡攪出來。

5. 蓋上玻璃罐的蓋子，貯存起來，避免陽光直射。儲放在陰暗的壁櫥或碗櫃內最好。如果你可以因此得到琥珀色的玻璃罐，那是最理想的。不要忘記在罐上貼上植物名稱和製作日期的標籤。

6. 讓你的酊劑浸泡至少四星期。像這樣的製藥是絕佳的滿月活動。如果你可以在滿月當天取得草本（收割或購買都行），然後製作成酊劑，你就知道在下一次滿月來臨時，酊劑便準備好可以使用了。

7. 在至少一個月球週期之後，過濾你的酊劑。你可以用細篩子，但是我偏愛幾層粗棉布。我喜歡把我的酊劑從罐子裡倒出來，篩過粗棉布，倒入一只大量杯之中，因為大量杯有一個尖嘴杯口。如此一來，就可以輕而易舉地將我的成品倒入較小的帶塞瓶內。

8. 輕輕地按壓粗棉布，擰出最後幾滴酊劑，然後將用過的植物體加入你的堆肥中——如果你有堆肥的話。

9. 無論你必須將成品酊劑存放在哪一種瓶子裡，都不要忘記給它貼上標籤。我喜歡在標籤上寫下在創建酊劑和裝瓶時，關於月相的任何詳細信息，以及所用植物的名稱和日期。

當你開始製作酊劑時，從小量開始，一次一罐——一只一公升的玻璃罐將產生數量驚人的酊劑——而且你總是可以再製作另一批。

## 益母草酊劑

將益母草酊劑加入你的療癒女巫藥房中，那是值回票價的。我很喜歡這種植物，所以把這當作是我寫給益母草（學名：*Leonurus cardiaca*）的情書吧。一六五三年，草藥學家尼可拉斯·卡爾培柏（Nicholas Culpeper）在他的著作《完整植物誌》（*The Complete Herbal*）一書中準確地稱頌了這種植物：「沒有更好的草本可以驅除發自心底的憂鬱，可以使心變強大，而且讓心智愉悅起來，快活而歡樂。」❻

這種植物的俗名益母草（motherwort），可以歸因於，它在調節月經週期和平息更年期和經前綜合症（PMS）症狀方面的功效。它是助產士時常推薦的治療法，可以緩解分娩的壓力和治療產後抑鬱症。益母草的藥用屬性，對每一個人都有幫助。益母草被用於失眠、神經痛、坐骨神經痛、痙攣、發燒、胃痛。❼我個人曾經使用益母草成功地治療我的經前綜合症，然後是更年期症狀。我也持續用它來緩解壓力和焦慮。

鑑於上述這些好處，即便益母草是極具侵略性且生命頑強的植物，似乎也是件好事。隨著我們的社會和文化不斷增加每一個人的壓力水平，益母草如此豐盛似乎才是相稱的。益母草原產於歐洲和亞洲，被殖民者作為一種療癒草本帶到北美，而且已經積極地四處擴散。益母草喜愛生長在被忽視和閾限的地方，沿著道路、河岸、林地、空地或幾乎任何地方。它通常被斥之為雜草，並不是你放在花園中央即將被好好栽培的植物。

益母草是深綠色的多年生植物，長到一．五公尺高；它有堅韌的方形莖和三裂葉。

益母草的花萼有五個尖點，類似五芒星的五個點，當女巫在野外採集時，這是可以找到的好東西。不過記得收割時要戴上手套，那些尖點夠鋒利，足以刺穿皮膚。益母草屬於薄荷科，但是與大多數熟悉的薄荷不同，它缺乏甜甜的「薄荷」味，而且往往相當苦。它在初夏時開出粉紅色到淡紫色的管狀花，這是收割它的最佳時間。使用修枝剪剪掉每一株植物的頂部三分之一，包括莖、葉、花。這就是你將要用來製作酊劑的東西。

把你的益母草切碎，放進罐子裡，裝滿你選擇的溶劑，讓它在陰暗的地方休息一個月亮週期。當它準備好的時候，它是非常苦澀的，色澤黑暗。

劑量：½—1½茶匙，每天三次。

如果你在月經期間出血過多，這就不適合你。益母草鎮靜和「應對能力」的效果也可能會讓人上癮，所以要覺察到自己的極限。

---

註❻：Nicholas Culpeper, *Culpeper's English Physician; and Complete Herbal* (London: E. Sibly, 1794), 253。

註❼：Steven Foster and James A. Duke, *A Field Guide to Medicinal Plants and Herbs of Eastern and Central North America, 2nd. ed.* (New York: Houghton Mifflin, 2000), 182。

一個寒冷潮濕的晚上，我接到一位巫術入門學生的來電。她很擔心她的一位朋友，朋友在經歷了一次特別艱難且戲劇性的分娩之後，於前一天生下了一名嬰兒。這位新手媽媽原本由助產士協助，希望在家分娩，但是由於許多併發症，這位母親被緊急送往醫院。寶寶來到人世，平安而完美，但是這位母親真的壓力很大、受苦受難，幸好已經平安出院了。但當時天色已晚，助產士找不到任何益母草酊劑來幫忙這位新手媽媽。聽到這則消息，我的學生打電話給我，問我有沒有多的益母草酊劑可以送人。哦，我當然有，而且幸運的是，那位母親和寶寶就在我家附近，走路就到得了。就這樣，我打包捆好，拿了把傘，朝外走，送東西過去。當我賣力地走過水坑，頂著戶外的風時，我感覺到村落女巫的點點滴滴。曾經有多少次，這種植物在這樣的情況下被要求提供幫忙呢？敲門時，一位憂心忡忡且睡眠嚴重不足的新手父親前來迎接我，他大大感謝我帶來的禮物。那天當女巫，感覺太讚了。

## 黑鹽——防禦、吸收、保護

魔法中使用的黑鹽，可以在當地的神祕商店買到，或在線上購得；但是或許你想要掌控它的製作方法和其中的成分，自己製作確保你可以得到你想要的。有許多製作黑鹽的配方，你可以根據自己的喜好，把黑鹽製作得很簡單或很複雜。你自己的傳統或魔法道路，可能有一種行之有效的製作和使用黑鹽的方法，因此值得你自己做研究，實驗，找出對你最有效的方法。

如果你正在處理一種你感覺自己遭到某種攻擊的情況，那麼製作一些黑鹽是相對簡單的方法，可以多少控制這種情況。

材料：

研缽和研杵

你選擇的白鹽

將你選擇的致黑原料（或這類組合）放入研缽中。常見的選項有：

來自柴火的木炭

活性炭（健康食品店有）

炭磚（你在其上燃燒散香的那種炭磚）
黑胡椒
來自鑄鐵平底鍋或大鍋的鐵屑

註：某些黑鹽是用食品染料製成的。對於得到濃而深的顏色，這是有效的，但是你必須決定，關於成品中的化學添加劑，你有何感受。

用你的研杵把致黑原料完全磨成粉末。慢慢地加入白鹽，好好攪拌，直到質地均勻，鹽充分混合，呈現黑色。將這樣的鹽存放在密封容器裡，直到你準備使用為止。

若要將你的黑鹽提升到另一個層次，你可以添加燒焦草本的灰燼，而這草本與你需要的魔法防禦類型有關。一本包羅萬象的草本書，對於學習草本植物的魔法關聯非常有幫助，可以從你廚房裡有的草本開始。

收集你想要的一或多種草本，將這些草本放在防火盤內燃燒，然後將灰燼加入你的鹽混合物。草本植物的選項包括：

**羅勒**：吸引慈善的靈，促進勇氣。

**牛蒡根**：保護家園。

**芸香**：防止邪惡之眼、夢魘、邪靈；也幫忙護送星光旅程上的旅行者。

**鼠尾草**：保護旅行中的星光體。

**纈草**：保護免於邪惡的妖術；幫忙反制負面魔法。

你可以在混合物中加入幾滴精油，提升黑鹽的功效。

**肉桂**：防止有毒的浪漫關係。

**丁香**：祈求保護和勇氣；避開妒忌。

**杜松**（juniper）：用於加強邊界；防止有惡意的巫術和邪惡的存在體。

**薰衣草**：祈求通靈保護。

**松木**：驅散負面能量，尤其有助於滌淨神聖的空間和物品。

# 白鹽——滌淨你的空間

材料：
一只外觀令你喜歡的小碗
足量的白鹽，幾乎可以把小碗裝到滿

把你的碗放在你的工作用祭壇上，最好放在你的五角星形上。必要時，或是如果你在自家以外的地方做著這項工作，你可以即興創作，在紙上畫一個五角星形，同時觀想你的意圖。

將鹽倒入碗中。對「鹽的靈」（Spirits of Salt）表達你的意圖，說些類似這樣的話：「鹽的靈啊，我召喚你們來幫忙和協助滌淨這個空間。」我鼓勵你把這句話大聲說出來。你的話語的影響力，不僅會被你想要連結的靈感受到，而且你的話語的聲音，聽在自己的耳朵裡也會對你產生深遠的影響。

當你的鹽碗準備好之後，將它放在你的空間裡安全但顯眼的地方。放在那裡三天。

第三天結束時，安全地處理掉鹽，然後重新裝滿一碗。再過三天，再重複一次。當你完成了三次這樣的三天循環之後，你應該能夠感覺到你的空間裡的氣氛變得比較輕盈。如果你覺得需要更用力擦洗，請嘗試在新月當天開始，每三天更換一次鹽，直到滿月為止。

一旦你對結果滿意了，可以考慮將保持一碗鹽當作日常工作的一部分，每個月逢新月時，則更換一碗新的鹽。

# 12 土系年輪與廚房內的女巫

在慶祝活動上，土元素最基本的表現是食物。與你最親近且最親愛的人聚會，分享食物和彼此陪伴，這是一種與人類一樣古老的慶祝活動。這來自於人類的基本需求，運用某種儀式聚在一起、盡情吃喝、承認特殊的時期。我們正在分享地球母親的慷慨贈予，以及她的植物和動物的犧牲。有時候，我們會在這樣的用餐時間祈禱、敬酒，或發表演說。這些簡單的儀式牢牢嵌在所有文化之中，因為它們是有效的，而且它們滋養的不只是我們的身體，還包括我們的靈。

當我與我的靈性家人聚在一起用餐時，我們總是從祝福那場盛宴開始。花時間在儀式上承認我們即將分享的豐盛，那賦予這個場合一份神聖感，讓我們有機會品嚐食物的珍貴，以及參與食物創造的眾人之努力。幾年前我寫下了下文（306頁）這些話，而且聽見它們的根據與核心被一再重複，直到此刻，使我們想起我們分享過的所有盛宴、家人和朋友，包括舊人和新人：

****

當我獨自與我心愛的狗和貓一起生活時，我們有自己的盛宴儀式。每月第二個週五都是發薪日，於是在我下班回家的路上，我會帶些壽司或一隻烤雞。如果是烤雞之夜，我會和我的狗狗分享（我的貓咪不喜歡）。逢壽司之夜，貓咪會吃一點生魚片。無論我吃什麼，也會大方地讓我的兩個同伴享用特殊的寵物餐。在給貓咪羅迪大劑量的貓薄荷之後，我的狗狗歐本和我會出外散步。這是我們慶祝發薪日的方式，也是我們這個奇特的小家庭，簡單然而有意義的食物儀式。

在我的巫術修練中，我與我的女巫團一起慶祝年輪（the wheel of the year）。視安息日而定，我們可能會邀請其他異教徒，有時候是我們的非異教徒家人來參加慶祝活動。總是有食物和儀式。這兩樣東西足夠普遍，即使出席者來自不同的道路，每一個人

# 北方之心女巫團的食物祝福

以「夜空的銀女」（Silver Lady of the Night Sky）之名，
以及「荒野的犄角之主」（Horned Lord of the Wild Places）的名義，
我們祝福這場盛宴。
食物是所有元素在完美的愛和完美的信任之中
共同運作的產物，
為的是哺育和供養我們。
我們感謝這場盛宴，
以及所有幫手，
包括看得見的和看不見的，
把食物帶到這裡來餵養我們。
應當稱頌。

都可以同意這些儀式為那個季節增添形式和基礎，何況食物總是豐盛而美味的。

食物也是我們的儀式的一部分。在威卡教傳統中，儀典的「蛋糕和麥酒」部分等於是，當食物和飲料在儀式上被聖化了，然後參與者共同享用。這授予神明的加持，且具有幫助參與者扎根接地的額外好處，通常是先執行魔法運作和能量提升，然後再分享蛋糕和麥酒。吃東西幫助我們扎根接地，因為它使我們重新連結到身體的最基本需求，把我們帶回到物質和當下的時刻。

## 安息日慶祝活動以及女巫的廚房魔法

我熱愛為我最親近且最親愛的人們，準備和分享食物和飲料。令我滿意的事莫過於知道我最親近的人吃飽了、滿足了。在女巫的年輪上慶祝節慶提供了八個聚會、慶祝、練習某些廚房巫術的絕佳機會。

成為廚房女巫，就是重新架構對你的廚房，以及你在廚房內準備食物的視角。你必須把你的廚房看作某種神廟，而且把你在廚房內準備的食物看作是健康、舒適、好客、慷慨的神聖供品。它的重點在於，不把任何事物看作是理所當然，感激植物和動物作為食物的犧牲，以及注意不要浪費或輕薄資源。

在我的廚房裡，我設法記住要反映出我想要在這個世界上看見的精神特質。我製作堆肥和回收，盡可能地優先考慮新鮮、當地、自製的食物。我喜歡實驗新的食譜以及向其他文化的美食學習。我喜愛收集草本植物和香料，研究使用它們的創意方法。當我旅行時，我喜歡看看食品店有沒有有趣的食品可以帶回家自己嘗試。我的「心魔食譜」是一本大大的三孔活頁夾，裡面塞滿了我收集到、發明或朋友給的食譜，而且我添加了關於製作那些東西的註釋，註明我在什麼地方添加了什麼或改變什麼，以便適合我的口味。回顧起來很好玩，就像一本創意和探索的烹飪剪貼簿。

多年前，當我開始學習巫術時，我的導師給了我一份對應關係清單，其中包含與每一個安息日和元素有關的食物類型。從那以後，我見過其他這類清單，它們都十分類似。與土有關的食物通常是豐盛且令人欣慰的。生長在地底下的作物，例如胡蘿蔔、歐防風（parsnip）、甜菜根等根菜類，或是例如馬鈴薯或山芋類植物等塊莖，都是豐盛的土系食物。在灌木或藤蔓上緊貼地面的食物，例如南瓜、櫛瓜或橡實南瓜等夏南瓜（summer squash）或冬南瓜（winter squash），也與土有關。來自與土有關的動物的肉類，例如牛肉、羊肉、豬肉，也被認為是土系食物，而大部分的種子和堅果，也被認為是土系食物。每一個人都有自己認定的「舒適食品」或最愛的食譜，那讓我們感到舒適而愜意，這些可能是你個人的土系食物或菜餚。

我認為，利用裝罐保存、用鹽醃製，或發酵等傳統方法保存和貯存的食物，應該被視為土元素食物。我很熱衷於食物保存，而且可以證明那份土系的滿足感，那是在冬天打開一罐來自夏天的自製番茄罐頭，製作熱騰、溫暖的湯。只用鹽和天然的蔬菜汁發酵蔬菜，而且看著它們冒泡，轉化成營養更為豐富的美味佳餚，這是顯化在廚房裡的土系魔法。

## 薩溫節

薩溫節往往被認為是女巫的新年，它是緬懷死者、以及做著一些靈性反思和清理騰空的時間。這個節慶標明一年中第三次、也是最後一次收穫，這時候，最後的莊稼被帶進來，冬天剛確實蒞臨家門。許多巫術傳統認為，在薩溫節時，將我們的世界與死者的界域隔開的紗幕非常薄，而且這是與我們的「摯愛」和「強大的死者」溝通的最佳時機——「摯愛」是我們個人的祖先，例如家人或閨密以及與我們有私人關係的人；而

「強大的死者」是已故的魔法修習者，他們讓「技藝」保持鮮活，而且留下了我們可以從中受益和學習的知識體系。在魔法上，這也是一年中進行驅逐魔法、占卜、通靈導引工作的好時機。

## 南瓜派

二〇〇四年秋天，我住在英格蘭格拉斯頓柏立鎮郊外的梅爾（Meare）小村莊中。薩溫節臨近時，我決定要為我的巫術小組正在規劃的安息日盛宴製作南瓜派。在加拿大長大，南瓜派是每年這個時候必備的，我實在無法想像秋天沒有南瓜派——它是那種讓家居舒適的東西。我出門到大型連鎖超市特易購，準備買幾顆。運氣不好，沒買到。我去了開車方便到達的每一家雜貨店，然而就是沒有南瓜。我詢問過的每一位店員都認為我瘋了（誰會把南瓜放在罐子裡？），還說他們從來沒有聽過這樣的事。我不知道南瓜是北美特有的食物。最後，在梅爾村經營村中小店的好心男子（他也對我搖搖頭）給了我一顆南瓜，說道：「如果你有辦法把這變成派，我想要一些。」那是一顆大南瓜燈類型的南瓜，不是製作南瓜派的南瓜，但我還是把它帶回家，烤了製作餡料用的南瓜泥。

它有點水水的，但是等加入香料且整個南瓜派烤好之後，它看起來很不錯，嚐起來有家的感覺。我的朋友們很懷疑，但還是吃了一些。他們大多數都喜歡，而且很訝異它居然是甜的。當我拿著給村中小店那名好心男子的那一片走進店裡時，那傢伙大笑。他小心翼翼地吃掉那片南瓜派，不相信是用他給我的同一顆南瓜製作的。從那之後，「南瓜香料萬歲」，我不禁想知道，現在能否在英國境內買到罐裝南瓜。這些年來我一直在磨練我的食譜，所以南瓜派食譜如下：

材料：

製作單一個派皮的油酥麵糰（商店買的或自製的，兩種效果都不錯）

1罐398毫升的南瓜泥（約1¾杯）

1杯蒸發乳（evaporated milk）

2顆大雞蛋外加2顆額外的蛋黃

¾杯淡紅糖

⅓杯酸奶油

1茶匙香草精
1½茶匙肉桂
½茶匙肉荳蔻
⅛茶匙丁香粉
1茶匙薑泥（罐裝的那種，或新鮮磨碎的，或薑粉）
½茶匙鹽

烤箱預熱至218℃。

將油酥麵糰擀開，放入一只二十三公分的餡餅盤中。

在一只大碗裡，輕輕地打著雞蛋和額外的蛋黃。加入南瓜、蒸發乳、酸奶油，攪拌至混合好。加入糖、香草、香料、鹽。

當一切充分混合之後，小心翼翼地倒入派皮內。然後放入烤箱，烘烤十五分鐘，然後將溫度降至190℃，再烘烤四十至四十五分鐘。如果你輕推派皮，餡料的中心應該會稍微搖晃一下，而且外殼應該是金棕色的。讓烤好的派在操作台上冷卻兩、三個小時。派在冷卻時會繼續定型。在室溫時食用，或是冷藏起來，與一塊生奶油一起食用。

## 冬至

這個安息日也稱作「耶魯節」，通常在十二月二十日左右慶祝。許多新異教徒熬夜度過最長的一夜，坐著守夜，等待太陽回歸，藉此慶祝。在某些巫術傳統中，橡樹王與冬青王之間的戰鬥故事標明這個季節。橡樹王挑戰冬青王，而隨著白晝變長，橡樹王贏得了下半年的掌控權。發生在每年這個時候的盛宴是一次令人愉快的休息，暫且離開生活中的漫長寒夜，而且有親人陪伴慶祝冬至，實在是難得的樂事。隨著日光增加，如果要執行與顯化你人生中想要或需要的東西，以及為自己設定目標有關的魔法，這是有效的時間。

### 釀橡實南瓜

這道菜為兩種情況造就豐盛的一餐；在旁邊添加一些沙拉或其他蔬菜，或是將烤好的兩半橡實南瓜各切成四份，你就有一道宜人的配菜，可以搭配烤肉。如果要改變味道，可以採用其他類型的奶酪或草本，以及切丁的蘋果或果乾塊，給它一種「火雞餡料」的氛圍。在耶魯節或耶誕節聚會時，這是為不吃肉的客人提供的好食物，而且這道菜也很適合純素者。

材料：

1顆橡實南瓜
½杯生藜麥
½顆中等大小的洋蔥，切小丁狀
6顆大蘑菇，切丁
生葵花籽和南瓜籽各尖尖1大匙
1茶匙鼠尾草碎
1茶匙乾燥的百里香
½茶匙乾燥的迷迭香，壓碎
鹽和胡椒調味

1杯切達乳酪碎，外加鋪在南瓜上面的額外切達乳酪碎
大量切碎的新鮮香芹

烤箱預熱至190℃。

把橡實南瓜從莖到尖端剖半，挖出所有種子。將兩個一半的南瓜剖面朝上放在烤盤上，用橄欖油擦拭所有切面且用鹽和胡椒調味。在烤箱裡烘烤大約二十分鐘，或是烤到用叉子戳剛好變軟。

烤南瓜的時候，準備你的餡料。根據包裝說明烹煮藜麥。把洋蔥切碎，在平底鍋裡輕炒，直到洋蔥開始變成金棕色，然後加入切丁的蘑菇。當蘑菇釋放汁液時，加入乾燥的草本和種子。用鹽和胡椒調味。加入香芹，攪拌至微縮，然後讓平底鍋離開火源。

將煮熟的藜麥、輕炒的蔬菜、乳酪放入碗中，充分攪拌。品嚐一下，根據需要調味。當南瓜剛好變軟嫩時，從烤箱中取出。將餡料舀進半個南瓜的空心裡，向下塞。你會有足夠的餡料，在兩半南瓜上各形成大大一堆，就這樣將餡料向下輕拍，讓它蓋住南瓜且看起來漂亮。在上面撒上一些額外的乳酪，然後將南瓜放回烤箱，烤二十分鐘左右，直到乳酪熔化且呈金黃色。

可以用糙米代替藜麥，但是糙米不會像藜麥那樣黏在南瓜上。我也曾用碎香腸肉餡當餡料製作過這道菜，非常豐盛又可口。

## 聖燭節

聖燭節（Imbolc，有時候拼成Imbolg）安息日，落在二月二日當天或前後，源自於基督教之前的凱爾特文化傳統。歷史上，這個節日被連結到掌管療癒、鍛造、詩歌的女神布莉姬（Brigid）。它有時候也與發生在二月二日的基督教獻主節（Candlemas）合併，獻主節紀念聖母馬利亞在耶穌出生後四十天將她兒子帶到耶路撒冷的聖殿。愛爾蘭的民間傳說，將每年這個時候與綿羊的哺乳期、羔羊的出生、奶油的獻供鏈結在一起。這些提到乳製品以及牲畜繁殖力回歸的參考文獻，並不能很好地轉譯成現代的城市生活，但是它們與下一份食譜的精神一致。

## 自製優格

幾年前，我讓自己養成在家自製優格的習慣，現在我無法想像在商店購買預製好的優格。一旦你學會了兩、三個竅門，自製優格就是既便宜又容易的事。與加糖的商業食品相較，它味道濃郁，有些人可能會說有點酸，但是你可以在吃之前掌控要加什麼進去。

關鍵在於從你買得起的最優質牛奶開始。有機的全脂牛奶很理想。你可以使用脫脂、含脂一%、或二%的牛奶，但是它們會產生比較稀的優格。全脂牛奶中的脂肪使你的最終產品更醇厚、更有味道。你需要的第二件事情是，從一些原味、天然的優格開始。為此，請試試看雜貨店的有機乳製品區，尋找原料中列出「活性菌群」（live active cultures）的牛奶。不要嘗試加了任何調味劑或甜味劑的東西，因為這些會導致你的優格失敗。

設備：

大大的厚底鍋

2只1公升且有蓋的罐子

½杯大小且有蓋的罐子

溫度計（有沒有均可，但是方便）

有內部燈的烤箱

材料：

2公升有機的全脂牛奶

½杯天然的有機優格

先啟動烤箱，調到最低溫度，對大部分的型號而言，這個溫度是在77℃左右。當烤箱達到這個溫度時，關閉加熱，打亮烤箱的燈。

同時，將牛奶倒入大大的厚底鍋中，將鍋放在爐灶上，調到中高溫。將牛奶加熱至大約82℃。如果沒有溫度計，當它開始冒蒸氣且表面形成氣泡時，你會知道它已經達到了溫度。這個過程可以消滅可能潛伏在牛奶中的任何無用細菌。不要讓它沸騰，攪拌的話，不要刮到鍋底。底部可能會有點兒燒焦，刮到底部可能會在優格中留下焦味。

讓冒著泡和蒸氣的鍋子離開火源，放置一旁冷卻。建議牛奶的溫度降至45℃左右。若要在沒有溫度計的情況下判斷這點，可以用手指測試——你應該能夠舒舒服服地將手指放在裡面五秒鐘。如果牛奶太熱，會殺死你的發酵劑，如果牛奶恰到好處，發酵劑就會在你的牛奶上起作用，把它轉變成優格。

把你的優格放在一只小碗中，加入大約一杯溫牛奶，攪拌均勻。將這樣的混合物倒入你的牛奶中，好好攪拌一下。將你的牛奶混合物轉移到兩只乾淨的一公升罐子和你的小罐子內。小罐子將會成為你的下一批優格的發酵劑。

將三只罐子全放進有燈亮著的溫暖烤箱。光線將會為環境提供足夠的溫暖，可以保持良好的溫度，讓你的優格在裡頭醞釀。

讓優格靜置至少八小時。我通常在晚上準備這個，讓它醞釀一整夜。早上把罐子從烤箱裡拿出來，在操作台上放一會兒，然後將罐子塞進冰箱。優格將會在冰箱內完成定型，最好讓它有機會冰冰涼涼再食用。

舀些優格到碗裡，然後在上面放上你喜歡的不管什麼東西。格蘭諾拉脆穀麥（granola）、冷凍的漿果、新鮮水果，全都由你決定。楓糖漿或蜂蜜是絕佳的甜味劑。

## 春分

正值冬天讓位給春天，這時慶祝的安息日又叫做「奧斯塔拉」（Ostara）。在北半球，這是白晝時光重拾力氣的時候，也是大地從沉睡中甦醒過來的時候。就實際上和隱喻上而言，這是青春、生命力、播種的時候。今年你想要顯化什麼呢？你想要成長什麼呢？

如果我們全都是真正務農的人，現在勢必靠著保存的最後一批食物生活，渴望著不斷生長的綠色花園的清新鮮嫩或剛剛覓得的食物。以下這份食譜慶祝耐寒的塊根作物的光澤，加上少許香料調味，趕走寒氣。

## 塊根湯

我所在地區的春分可是非常、非常寒冷的。熱熱溫暖的湯是太陽的顏色，對冷颼颼的一天而言，那是一味好藥。胡蘿蔔全年都有，而且可以好好地保存在冰箱內。歐防風增添土系風味以及少許天然的乳脂狀。一位農民朋友使我喜歡上香芹根（parsley root），而且當我將香芹根加入這份食譜中的時候，它變得非常特殊。我在我家附近的商店裡看不到香芹根，但是如果你找到一些，不妨試試看把它加進去。

材料：

3杯去皮切丁的胡蘿蔔
2杯去皮切丁的歐防風
1顆中等大小的烹飪用洋蔥，去皮，切丁
2大匙磨碎的生薑根
3瓣蒜頭，壓碎，切丁

1罐400毫升的椰奶
2杯蔬菜高湯（自製的、商店買的或湯塊煮成，都沒關係）
3大匙奶油
鹽和胡椒粉，用來調味

剝皮並切碎所有蔬菜。

在一個高高的大鍋裡用中高溫熔化奶油，加入洋蔥炒至軟嫩。加入胡蘿蔔和歐防風，繼續炒至兩者變軟。

加入薑和蒜，攪拌均勻。繼續煮二至三分鐘。

加入椰奶，然後加入高湯攪拌。讓湯慢慢燉，直到蔬菜軟嫩。

離開熱源，然後使用浸入式攪拌機，將湯攪打成泥，直至充分混合且呈奶油狀。你也可以將熱湯轉移到攪拌機內攪打成泥，或是，必要時，用馬鈴薯搗爛器搗碎，使它盡可能滑順。如有必要，加一點水或湯稀釋。

用鹽和胡椒調味，然後上桌。

註：如果你想要稍微改變一下，在加入蒜和薑的同時，加入一大匙咖哩粉。在每一碗湯頂部淋上芝麻油並用切碎的芫荽葉裝飾，也很美味。

你可以用胡蘿蔔、歐防風、香芹根的任意組合，製作這道湯，只要找得到材料。重點是要為這鍋湯準備大約五杯塊根蔬菜。即使只有胡蘿蔔也很好吃。把蔬菜高湯換成雞高湯，或是把椰奶換成鮮奶油，可以為這份簡單的食譜增添多樣性。我有時候會根據心情加入一茶匙孜然和一撮肉桂。

## 貝爾丹火焰節

貝爾丹火焰節（Beltane）介於春分與夏至之間。它是慶祝繁殖力以及新生命和豐饒的出現。典型的新異教徒慶祝活動，往往包括戶外慶祝活動、篝火、跳五朔柱（maypole）。

貝爾丹火焰節時常被認為是一年中的浪漫時刻，慶祝婚禮和扣手（handfasting，譯註：通過握手或聯手兌現承諾，用以定義未經授權的婚禮、訂婚或臨時婚禮）以及愛情的綻放。

這個安息日位於年輪上的薩溫節正對面，也被認為是兩個世界之間的薄幕很薄的時候。如果我們在薩溫節緬懷死者，那麼在貝爾丹火焰節向重生者致敬似乎很合適。當代的新異教貝爾丹火焰節，慶祝活動往往關注男性／女性截然對立的面向，而這不見得引起每一個人的共鳴。如果要公平地慶祝出生／死亡／重生週期，那麼貝爾丹火焰節，提供一個同時歡迎轉世的靈魂回到這個世界的安息日。

## 咖哩釀蛋

蛋是繁殖力、出生、復活的普世象徵。它們握有生命的承諾與創造的奧祕。來自印度、埃及、希臘古文明的神話都說，世界是從一顆巨大的宇宙蛋創造出來的。在亞洲文化中，蛋是物質財富和幸運的象徵。

蛋也非常美味，釀蛋是絕佳的野餐食物。這些蛋可以提前準備好帶著，慶祝春天的到來。

材料：

6顆大雞蛋

¼杯美乃滋

1茶匙法式第戎芥末醬
1茶匙咖哩粉
鹽和新鮮的胡椒粉，調味用
卡宴辣椒粉，裝飾用
切碎的蝦夷蔥，裝飾用

從製作煮熟的雞蛋開始。把你的蛋放在鍋底，不要彼此貼著，然後裝滿足量的水，水蓋過雞蛋至少兩公分半。把鍋放在爐子上，爐火調到高溫，把水煮到滾沸。關閉爐火，蓋上鍋蓋，留在爐灶上十至十二分鐘。將蛋從熱水中撈出來，轉移到一碗冰水裡完全冷卻。你可以提前五天把蛋準備好，因為煮熟的蛋可以很好地保存在冰箱裡。

蛋殼剝掉，然後將蛋縱向切成兩半。小心翼翼地舀出蛋黃，放入碗中。蛋白放在一旁的食物托盤上。我喜歡將蛋白放在沙拉蔬菜上，可以把它們撐起來。

將美乃滋、芥末醬、咖哩粉、鹽、胡椒加入蛋黃中，將它們一起搗碎，直到混合物變得非常光滑且呈乳脂狀。

將咖哩味的蛋黃混合物舀入蛋白「杯子」裡。如果你想要花俏，可以把咖哩混合物轉移到一只有拉鍊的袋子內，然後把袋子一角的尖端剪掉，製作成擠花袋，把蛋黃混合物擠進蛋白裡。撒上卡宴辣椒粉和蝦夷蔥裝飾。稍微冷藏一下即可食用。

## 夏至

這個夏季安息日，有時候被稱為仲夏節（Midsummer）或利塔節（Litha）。這通常是在戶外舉行慶祝活動的絕佳時候，有篝火、喧鬧的嘻笑玩樂、沉浸在你的成就的光芒之中。現在我們看見橡樹王與冬青王之間的戰鬥回來了。這一次，冬青王擊敗他的對手，於是隨著白晝愈來愈短直到冬至，都由冬青王掌控全局。

### 桃子醬

新鮮的桃子是夏天的味道。它們不生長在我居住的地方；我們的冬天對桃樹來說太冷了。當一籃籃桃子開始出現在我家鄉附近的雜貨店和水果攤上時，我確實有點欣喜若狂，它們是用卡車從英屬哥倫比亞省的歐肯納根山谷（Okanagan Valley）或安大略省南部運過來的。

如果你以前從來沒有嘗試過裝罐保存食物，這是很容易的第一個方案，味道絕佳，而且感覺有點花俏。不要被自行裝罐保存食物的想法嚇到了。這是可以開發的絕佳技能，而且確實派得上用場，尤其如果你有一座花園，或是當你遇到新鮮農產品交易時。製作一罐罐你自己的裝罐食物，留著日後使用，在我看來，這是可以在廚房完成的最具土系屬性的事情之一。我非常感激在一月中吃到去年夏天的番茄，或是品嚐到我在去年七月採摘且製成果醬的漿果的甜味。看見食櫥內貯存了一罐罐我自己保存的食物，令我內心平靜，而且透過玻璃閃耀的美麗色彩，看起來就像珍貴的寶石。

我不熱衷過甜的裝罐保存食物。別人教我製作果醬需要大量的糖，而我一直不滿意那樣的結果。然後有一天，我在健康食品店注意到一款低糖果膠，於是製作果醬和果凍變得非常值回票價。找到低糖果膠是值得的，波莫納（Pomona）或柏納丁（Bernardin）之類的品牌，在北美相當受歡迎，如果需要，可以線上訂購。它們使你可以減少糖分或完全省略糖分，以及改用蜂蜜或你偏愛的不管什麼甜味劑。

這份食譜將會產生大約五杯的果醬。若要將這些果醬裝罐，你需要五只二五〇毫升的罐子，有適當的按扣蓋和螺旋箍。你還需要一只大鍋來處理即將裝罐的罐子。裝罐鍋有一個特殊的架子可以支撐罐子，但是如果你沒有裝罐鍋，任何有足夠空間的大鍋都可以讓罐子舒適地直立著，用大約高過五公分的水蓋過它們，這樣就行了。如果沒有架子，你必須在鍋底放一些東西，否則罐子會破裂。必要時可以用折疊好的茶巾，或是烘烤時會用到的冷卻架。我有一次甚至用了金屬蔬菜蒸籃。

若要消毒這些罐子，請將罐子放入加了足量水的裝罐鍋之中，水要浸沒且蓋過罐子至少五公分。用水煮沸這些罐子，持續至少十分鐘。將你的按扣蓋準備好，放在一只小鍋裡水煮，用水煮沸，持續五分鐘，然後將它們放在溫水中，直到你準備好要將果醬裝罐。

假使你決定不裝罐這批果醬，只要將果醬倒進罐子裡，放涼，然後塞進冰箱。

材料：

4杯去皮、切碎、搗碎的桃子

¼杯瓶裝檸檬汁

¾杯蜂蜜

½茶匙杏仁提取物（不是絕對要的，但是它可以增添美味的深度）

3茶匙波莫納果膠粉
4茶匙鈣水（這是果膠隨附的）

消毒好你的裝罐罐子，擱置一旁。將你的按扣蓋煮沸，準備好放入溫水中。

把桃子削皮切碎，稍微搗碎。量取四杯搗碎的水果，與瓶裝檸檬汁和杏仁提取物一起放入平底深鍋中。

按照果膠盒上的包裝說明準備鈣水。不要省略這一步，因為鈣能活化果膠，也是凝固果醬所必須的。

將四茶匙準備好的鈣水，加入平底深鍋內的桃泥中，充分攪拌。

量測好蜂蜜，放入一只碗內。將果膠粉加入蜂蜜中攪拌，直到果膠粉充分混合，然後擱置一旁。

將桃泥混合物煮沸，加入蜂蜜混合物攪拌。攪拌兩分鐘，讓所有東西結合在一起且讓果膠溶解。

把所有東西都煮沸，然後讓鍋子離開爐灶。將罐子裝滿到距離頂部大約〇．六公分的位置。用乾淨的濕布擦拭罐子的邊緣，去除掉任何滴下來的液體。將按扣蓋蓋在罐子上，用螺旋箍固定好。

用鉗子或夾罐器，將密封好的罐子放入裝罐鍋內，煮沸後持續十分鐘（海拔每升高三百公尺，就多煮沸一分鐘）。完成後，小心翼翼地取出罐子，讓它們在操作台上靜置二十四小時。檢查一下，設法確保蓋子已經向下「蓋好」。如果蓋子已向下扣住，就表示密封妥當了。

在嚴冬時打開一罐盛夏，細細品味那份甜蜜。

## 豐收節

這個跨季的安息日，落在夏至的熾熱光芒與閾限的秋分之間，在八月一日當天或前後。豐收節（Lughnasadh）與凱爾特男神魯格（Lugh）有關，而且可以翻譯成「魯格的婚禮」。這個安息日慶祝與太陽有關的神明魯格與地球母親或土地的結合。他們一起創造了作物的繁殖力，而且這是第一次收穫的時間。

某些異教徒將 **Lammas** 這個名字與 **Lughnasadh** 互換使用，但它們是具有類似精神的不同慶祝活動。**Lammas**（麵包彌撒）是早期的基督教節日，在八月一日當天慶祝，這時候，第一次收穫的穀物被烘烤成麵包，然後在彌撒期間被聖化。

收穫和分享收穫的第一批食物，是慶祝這個安息日的絕佳方法。這是一年中製作蜂蜜酒的絕佳時機。我很幸運，生活在一個許多人（包括城裡和鄉村）都真正欣然接受養蜂業的世界。豐收節到來時，新鮮的當地蜂蜜已經上市且價格實惠。作為會飛的昆蟲，蜜蜂似乎是屬於風元素的生物，但是牠們在農業和授粉中扮演重要的角色，再加上牠們有秩序且結構化的蜂巢，將牠們牢牢地連結到土元素。

## 受到祝福的蜂蜜酒

作為蜂蜜酒的主要成分，蜂蜜是這個節目的明星。絕對值得多付一點錢，花時間找到你買得起的最好且未經高溫消毒的天然蜂蜜。蜂蜜為蜂蜜酒提供特性和風味，因此，如果你喜歡蜂蜜的味道，那麼在你精心而努力地把蜂蜜製作成蜂蜜酒之後，你一定會愛上蜂蜜酒的味道。

你使用的水也會影響你的最終產品。使用你可以拿到手的最純淨的水。因此，有時候我會把這項列出來，向某商店購買泉水，如果你自己的自來水礦物質含量高或化學負載高，你可能會想要這麼做。至少，在你製作蜂蜜酒的前一天，煮好大於製作蜂蜜酒所需要的水，讓它不蓋蓋子放過夜。這麼做至少可以去掉某些化學物質。

材料：

1公升純天然蜂蜜

1加侖水（加上一些額外的水）

1包香檳酵母（Lalvin EC 1118效果很不錯）

設備：

大湯鍋

2只1加侖的玻璃罐

1只有橡皮塞的氣閘，適合玻璃罐口

1根虹吸軟管

（至少）7只500毫升掀蓋式葛蘭斯式（Grolsch-style）瓶子

設法確保你所有的設備和瓶子，都非常乾淨且消毒過。

將水和蜂蜜放入湯鍋中，加熱至熱氣騰騰。你絕對不想把這煮沸，因為這麼做會殺死成品蜂蜜酒的蜂蜜香氣和味道。只要讓它熱氣騰騰，然後保持這個溫度，持續大約兩個小時。泡沫會上升到你的水／蜂蜜混合物頂部，撈起來，丟棄掉。

在液體即將沸騰且泡沫停止上升後，小心翼翼地讓湯鍋離開熱源，靜置，直到冷卻至微溫（不高於25℃）。等待的時候，將酵母與大約一杯溫水置於小碗中混合，藉此活化酵母。攪拌，打碎任何結塊，然後蓋上蓋子，直到蜂蜜和水混合物冷卻下來。

當你的蜂蜜水夠涼時，運用虹吸管讓蜂蜜水流進你的加侖罐中，然後小心翼翼地加入酵母混合物。液體應該要上升到加侖罐的肩部。如果水位低（這可能取決於你因蒸發而損失了多少蜂蜜水），就用額外的溫水加到加侖罐的肩部位置。

這個時候，我喜歡用木勺的長柄好好攪拌一下。按照指示讓氣閘充滿水，準備好，塞進加侖罐口。

把你的加侖罐放在安全的地方，讓它可以不受干擾，但你可以留意它。它應該是溫暖的，但是不燙。將它留在那裡發酵大約七至二十一天，而且要觀察氣閘。當蜂蜜酒釋放氣體時，它會起泡。它最終會減慢到大約每分鐘一顆氣泡，這告訴你，這個初級發酵階段即將完成。

小心翼翼地利用虹吸管，讓蜂蜜酒流進第二只乾淨的一加侖罐中，留下沉澱物。清潔你的氣閘，然後再裝回第二只加侖罐的罐口。讓它靜置，直到氣閘沒有氣泡為止，這需要一至四個月。

現在你可以裝瓶了。我使用五百毫升掀蓋式「葛蘭斯」瓶。這類瓶子很方便，因為有一個可以重複使用的內建「軟木塞」。利用虹吸管讓蜂蜜酒流進瓶子裡，密封，然後靜置至少六個月。當你喜歡它的味道時，它就可以飲用了。蜂蜜酒會隨著時間的推移而變得香醇，所以如果你在虹吸時品嚐它而它味道有點不精緻，那就讓它慢慢熟成，味道會更好。

當我開始製作蜂蜜酒的時候，我根據五香蜂蜜酒的配方製作了第一批，然後從那裡倒過來，去除掉所有多餘的東西，直到我擁有了這份純蜂蜜酒的配方。如果你在豐收節時製作一批，貝爾丹火焰節時，就會有一批醇釀蜂蜜酒——只要你可以長時間不碰它。

## 秋分

我必須承認；這是我最愛的安息日。我愛它。秋分通常落在大約九月二十日至二十二日，而且它是一年中的閾限時間，擺盪於秋天豐富的金色和赤褐色與冬天的漫長黑夜之間，不管怎樣，在我居住的地方是這樣。這個安息日有許多名字——Harvest Home（收割完畢）、Harvestide（收穫節）、Alban Elfed（德魯伊教的「秋分」）、Mabon（馬布節）。在這份名單中，Mabon 這個名稱引發最大的爭議，因為它是最近才發現的安息日名稱。一九七四年，作家艾丹．凱利（Aidan Kelly）在他創造的日曆中，將這個節日叫做 Mabon。這個用法發表在《綠蛋雜誌》上，而且被人們記住，流行起來，於是新異教徒牢牢地接受它，把它當作比較歷史悠久的名稱。

這是第二個收割節，是積聚莊稼和貯存食物過冬的時候。在魔法上，現在是開始一段反思以及處理你可能一直拖延的心魔工作的好時機。評估一下你的魔法修習的物質面向——對於迎接即將到來的季節，你需要任何的蠟燭、草本植物或魔法用品嗎？

## 發酵的酸菜

我超愛發酵食物。鹽和新鮮蔬菜的魔法煉金術，轉化成為濃郁、美味、營養豐富的發酵佳餚，製作起來是十分充實滿意的，而且我發現，那個過程是靜心冥想的、非常充實滿意的。如果廚房的操作台上沒有東西在冒泡，那就沒有家的感覺了。這份簡單的食譜，真正展現鹽可以轉化和保存食物的力量。

你使用的鹽是你成功的第一個因素。你必須使用天然鹽，不含碘和添加劑。至於酵素，我偏愛凱爾特海鹽。它可能有點貴，但是可靠且始終如一。鹽將會確保你的酸菜保持清爽的質地，而且將會促進乳酸菌的滋生，從而在發酵食品中提供美味和健康的好處。

高麗菜中的水分含量也是影響結果的一個因素。當鹽的作用進入高麗菜的時候，新鮮多汁的高麗菜會釋放更多的水分，創造出更多的濃鹽水。這是最理想的狀態，但是如果你的高麗菜偏乾，如有必要，可以隨時添加一些純淨的水。

材料：

1顆青綠色的高麗菜（大約一公斤）

4茶匙凱爾特海鹽（或其他不含碘的天然食鹽）

設備：

鋒利的刀子

大型攪拌碗

1公升／1夸脫有蓋的梅森罐

或是

帶氣閘的發酵蓋

玻璃砝碼或小型密保諾（Ziploc）夾鏈保鮮袋

去除掉高麗菜碰傷或看起來骯髒的外部葉子。將高麗菜縱向切成兩半，切除堅硬的核心。

用鋒利的刀子，或是如果你有一台多功能刨削器，可以將高麗菜切成薄片，大約三公釐就很完美了。

將所有切好的高麗菜放進一只大型攪拌碗，開始揉捏，就像揉麵糰一樣。這麼做的時候，撒上鹽，一次一茶匙。

高麗菜將會開始分解，釋出汁液——這將會形成你的濃鹽水。讓它靜置大約三十分鐘。檢查一下，要確保它正在釋出水，而且在這過程中，額外擠壓幾下；希望你的高麗菜變軟。

將變軟的高麗菜裝進罐子裡，儘量塞緊。我用攪拌棒來做這事，但是木勺也行。當你的高麗菜全都裝好後，一定要把碗裡剩下的鹹鹽水倒進去。你的鹹鹽水需要淹沒高麗菜；這將會確保你的酸菜不會變質。如果鹹鹽水不夠，只要加入足量純淨的水蓋過高麗菜即可。

這是玻璃砝碼派上用場的時候。把它放在高麗菜之上，將高麗菜保持在水面之下。如果沒有玻璃砝碼，用一只小型密保諾密封袋，裡面裝些水，放在高麗菜之上。這只密保諾應該小到可以放進罐子內，裡面有足量的水（而且把空氣擠掉）將高麗菜往下壓。如果你兩者都沒有——別擔心。只要確保你的液體蓋過高麗菜，並留意有沒有黴菌。

旋上蓋子。如果你找得到帶氣閥的蓋子，它會很有幫助，但並不是必不可少。如果你用的是普通蓋子，就需要每天在酸菜發酵時讓它「打嗝一下」，釋放掉會從中冒泡的氣體。請一定要這麼做。氣體的積累可能會導致罐子爆炸。

讓酸菜靜置在操作台上你可以留意到的位置，遠離陽光直射。它應該在一至三天左右開始冒泡，取決於廚房的溫度。大約三週後品嚐。如果它對你來說不夠酸，只要讓它靜置久一點。一旦它有你喜歡的味道，就移除掉砝碼，把它放進冰箱裡。只要你把高麗菜保存在濃鹽水裡，它就可以保存相當長的時間。

## 盛宴的祝福

無論你選擇如何慶祝你的安息日，納入食物都是必不可少的。想出你自己的烹飪安息日傳統也很好玩，因為這沒有任何的規則，唯一一條可能是：與家人、朋友、友好的女巫同伴一起共享美食。

## 土系慶祝日

雖然大部分的節日都有偏向宗教的主題，但是有一股相對現代的趨勢——騰出特殊的日子來慶祝地球和大自然。雖然下述慶祝活動都不像耶誕節或光明節那樣商業化或廣泛流行，但是這些環保節日提供機會，讓人發揮創意、激發新的傳統、散播對地球母親的愛！

- **植樹節**：第一個植樹節（Arbour Day，或美國境內的拼法 Arbor Day）是一八七二年四月十日在美國內布拉斯加州內布拉斯加城慶祝的。當地的報紙編輯兼樹木愛好者朱利葉斯．斯特林．莫頓（J. Sterling Morton）發起了這次活動，據估計，在第一次慶祝活動期間，內布拉斯加州境內種植了一百多萬棵樹木。一直到一八八五年，才宣布植樹節是合法的州定假日，這時候，植樹節的日期被永久更改成四月二十二日。美國其他地區很快跟進，然後植樹節傳遍世界各地。植樹節與大多數其他節日不同，在不同的州和國家，根據該地區種植樹木的最佳時間而定，在不同的日期慶祝。慶祝活動包括樹木種植和教育機會，目的在更加了解樹木在我們的星球上扮演的重要角色。

● **地球日**：四月二十二日也是世界各地慶祝的地球日（Earth Day）。這個節日誕生於一九七〇年，當時來自威斯康辛州一位名叫蓋洛德．尼爾森（Gaylord Nelson）的新晉參議員組織了一場全國性的活動，匯集了各個年齡層和各行各業的人們，目的在了解對環境造成的危險和威脅，而且帶著這個訴求走上街頭抗議。這個活動於一九九〇年走向全球，此後發展成為已知世界上最大的世俗紀念日。

● **國際森林日**：二〇一二年，聯合國大會（United Nations General Assembly）宣布三月二十一日為「國際森林日」（International Day of Forests），目的在吸引人們關注所有類型的森林，在我們的全球生態系統中所扮演的重要角色。聯合國鼓勵並促進，提高人們覺知到森林保育與樹木種植的活動和事件。

● **國際黑暗天空週**：這個為期一週的慶祝活動的時間安排非常特殊。它在四月新月的那一週舉行，那時天空最黑暗，看得見最多星星。它是由美國高中生珍妮佛．巴洛（Jennifer Barlow）於二〇〇二年創立的，而且在國際上由「國際黑暗天空協會」（International Dark-Sky Association），以及許多天文團體和協會推廣。目標是提高人們覺知到光污染對環境造成的損害，以及促進天文學的發展。國際黑暗天空週（International Dark Sky Week）強調，滿天星星的黑暗天空，對地球上所有生物的健康和福祉至關重要，而且那是我們正在因光污染而失去的遺產。

● **世界土壤日：**這個一年一度的活動於十二月五日慶祝，紀念土壤為地球提供的珍貴資源。聯合國於二〇一四年宣布了第一個正式的「世界土壤日」（World Soil Day），為的是提高人們覺知到，在維持生物多樣性和健康的生態系統方面，健康的土壤扮演著至關重要的角色。

個人而言，我喜歡把每一天都當成是地球日。我的女巫之眼從不厭倦看著窗外，且看見我周圍的大自然和環境如何隨著年輪的轉動而轉換和改變。總是有新的東西到來，熟悉的東西慢慢消失。為每一個安息日和節日都舉行一場全面的慶祝活動可能不切實際，但是每天花一點時間讓自己扎根接地且歸於中心，以及將你的根延伸進入雙腳底下，將你的樹枝延伸進入上方的天空，讓自己充滿土系魔法，這卻是非常令人充實滿意的。

# 結語

當我遇見不是地球行動家的異教徒時，仍然令我相當震驚。我們全都來自不同的背景，未必享有相同的人生經驗或文化，但是我們確實全都共享一件不可否認的事情：地球是我們的家。

我們全都生活在這顆美麗、複雜、脆弱、神祕、賦予生命的星球上。我們全都仰賴它是健康且有創造力的，也才能夠是健康而有創造力的。更年輕、更銳利版本的自己，會嘲笑我已經變成了擁抱樹木的人，但是在內心深處，這種感覺一直都在。對自然世界及其力量的崇敬是與生俱來的，而且當我們有了自己的「總觀效應」時刻，我們就有機會將它表現出來，開始慶祝我們的地球。然後我們可以感謝這可以如何豐富我們的魔法的深度和範疇。

土元素教導我們要有創造力，要打造事物，要欣賞周遭事物的美。在這方面過度放縱，可能會導致我們變得貪婪和唯物主義，所以保持你個人的土元素與其他元素平衡，是個好辦法。土元素教導我們有組織、有結構、靠得住，但是它也鼓勵我們要是歡慶的、頹廢的、好客的。好好照顧自己生活的世俗面向，且確保把自己整合起來，並不意謂著我們不能同時擁有美好時光和盡情享受。

創作本書旨在為讀者提供種種方法的參考和指南，讓你可以運用土元素顯化在我們生活中的許多方式，連結到土元素。了解這點的最好方法是，實際完成某些本書建議的工作，讓自己體驗一下那種感覺。這些行動的內在感官覺受將會連結你。

成為地球行動家，並不意謂著你必須成為政治上的運動鬥士或激進的環保戰士。它可能意謂著，你覺知到且做出符合自然世界最佳利益的選擇。這是同一個世界，你可能正在要求它為你的魔法提供你需要的能量，所以互惠的關係最起碼可以說是公平的。

要步履輕柔地走在大地上。

**朵荻**（Dodie）

加拿大曼尼托巴省溫尼伯（Winnipeg）第一條約領地及梅蒂斯民族的家園

# 附錄：土系魔法關鍵字綜合對照表

| 關鍵字 | 扎根接地、感性、唯物主義、安全保障、殷勤好客、事業、財務、顯化 |
|---|---|
| 方向 | 北方 |
| 季節 | 冬天 |
| 一天中的時間 | 午夜 |
| 星座 | 魔羯、金牛、處女 |
| 行星 | 地球、水星 |
| 塔羅牌 | 錢幣牌組 |
| 脈輪 | 海底輪（又名 Muladhara 或 Root） |
| 工具 | 五角星形、鹽 |
| 香 | 勃艮第樹脂、琥珀、蘇合香、橡木苔、廣藿香 |
| 元素精靈 | 地精 |
| 顏色 | 綠、棕、黑 |
| 寶石 | 祖母綠、黑煤玉、貓眼石、煤、紫鋰輝石、孔雀石 |

| 類別 | 內容 |
| --- | --- |
| **植物** | 蘑菇、苔蘚、葡萄藤、貼地型糧食作物 |
| **樹木** | 橡樹、柏樹 |
| **自然地物** | 石頭、根、土壤 |
| **動物** | 豬、狗、野牛、鹿、獾 |
| **神明** | 蓋亞、帕查媽媽、蓋布、科爾努諾斯、雅拉、嬌德、莫科什、頗哩提毗 |
| **五感** | 觸覺 |
| **象徵符號** | 土元素的煉金術符號 |
| **魔法功課** | 保持沉默 |

# 參考書目

Balch, James F., and Phyllis A. Balch. *Prescription for Nutritional Healing—Second Edition*. Avery Publishing Group, 1997.

Belcourt, Christi. *Medicines That Help Us—Traditional Metis Plant Use*. Gabriel Dumont Institute, 2007.

Beresford-Kroger, Diana. *Arboretum Borealis: A Lifeline of the Planet.* The University of Michigan Press 2010.

Beyerl, Paul. *The Master Book of Herbalism*. Phoenix Publishing Inc., 1984.

Culpeper, Nicholas. *Culpeper's Complete Herbal*. Arcturus Publishing Limited, 2009.

———. *Culpeper's English Physician; and Complete Herbal*. London: E. Sibly, 1794.

Cunningham, Scott. *The Complete Book of Incense, Oils and Brews*. Llewellyn Publications, 1998.

Cunningham, Scott. *Cunningham's Encyclopedia of Crystal, Gem and Metal Magic*. Llewellyn Publications, 1988.

Cunningham, Scott. *Magical Herbalism*. Llewellyn Publications, 1995.

Farrar, Janet, and Stewart Farrar. *The Witches Goddess*. Phoenix Publishing Inc., 1995.

Farrar, Janet, and Stewart Farrar. *The Witches God*. Phoenix Publishing Inc., 1989.

Foster, Steven, and James A. Duke. *A Field Guide to Medicinal Plants and Herbs of Eastern and Central North America, 2nd. ed.* New York: Houghton Mifflin, 2000.

Foxwood, Orion. *The Candle and the Crossroads—A Book of Appalachian Conjure and Southern Root Work.* Weiser Books, 2012.

Godwin, Kerriann (Editor). *The Museum of Witchcraft: A Magical History—A Collection of Memories Celebrating 60 Years.* The Occult Art Company in conjunction with The Friends of the Boscastle Museum of Witchcraft.

Gray, Beverley. *The Boreal Herbal—Wild Food and Medicine Plants of the North.* Aroma Borealis Press, 2011.

Graves, Robert. *The White Goddess: A Historical Grammar on Poetic Myth.* Macmillan Publishers, 2013.

Hallendy, Norman. "Inuksuk (Inukshuk)." In *The Canadian Encyclopedia.* Historica Canada. Article published July 4, 2013; last edited December 8, 2020. https://www.thecanadianencyclopedia.ca/en/article/inuksuk-inukshuk.

Heselton, Philip. *A Beginner's Guide: Leylines.* Hodder and Stoughton, 1999.

Heselton, Philip. *Earth Mysteries.* Element Books Limited, 1995.

Heselton, Philip. *Magical Guardians—Exploring the Nature and Spirit of Trees.* Capall Bann Publishing, 1998.

Illes, Judika. *Encyclopedia of Spirits: The Ultimate Guide to the Magic of Fairies, Genies, Demons, Ghosts, Gods and Goddesses.* HarperCollins, 2009.

Hall, Judy. *The Crystal Bible: A Definitive Guide to Crystals.* Godsfield Press, 2003.

Lévi, Éliphas. *Transcendental Magic: Its Doctrine and Ritual*. Bracken Books, 1995.

Lima, Patrick. *The Harrowsmith Illustrated Book of Herbs*. Camden House, 1986.

Lupa. *Skin Spirits: Animal Parts in Spiritual and Magical Practice*. Stafford: Megalithica Books, 2009.

"The Megalithic Portal and Megalith Map: Megalithic Porthole Society." World-wide Ancient Site Database, Photos and Prehistoric Archaeology News with geolocation. Accessed January 2, 2021. https://www.megalithic.co.uk/index.php.

Mercier, Patricia. *The Chakra Bible: A Definitive Guide to Working with Chakras*. Godsfield Press, 2007.

Melody. *Love is in the Earth: A Kaleidoscope of Crystals*. Earth-Love Publishing House, 1991.

Native Land Digital. "Native Land." Accessed January 2, 2021. https://native-land.ca/.

Pagan Awareness Network Inc., Australia, "Sacred Ground and Acknowledgement of Country." Accessed January 2, 2021. http://www.paganawareness.net.au/wpcontent/uploads/2016/12/Brochure-acknowledgement-of-country.pdf.

Paxson, Diana. *The Essential Guide to Possession, Depossession and Divine Relationships*. Red Wheel/Weiser Books, 2015.

Robinson, Amanda. "Turtle Island." *The Canadian Encyclopedia*. Historica Canada. Article published November 06, 2018; last modified November 6, 2018. https://www.thecanadianencyclopedia.ca/en/article/turtle-island.

Tenzin-Dolma, Lisa. *Teach Yourself Astrology*. Hodder Education, 2007.

Weed, Susun S. *Menopausal Years—The Wise Woman Way*. Ash Tree Publishing, 1992.

Winter, Sarah Kate Istra. "Working with Animal Bones: A Practical and Spiritual Guide." Sarah Kate Istra, Winter 2014.

國家圖書館出版品預行編目（CIP）資料

土系魔法【自然元素魔法系列 4】：關於穩定、安全、興旺的魔法／朵荻．葛蘭姆．麥凱（Dodie Graham McKay）著；非語譯．-- 初版．-- 臺北市：橡實文化出版：大雁出版基地發行，2022.08
面： 公分
譯自：Earth magic
ISBN 978-626-7085-34-9（平裝）

1.CST：巫術

295 111009211

BC1111

# 土系魔法【自然元素魔法系列 4】：關於穩定、安全、興旺的魔法

Earth Magic: Elements of Witchcraft Book 4

本書內容僅供個人療癒輔助參考之用，無法取代正統醫學療程或專業醫師之建議與診斷。如果您對健康狀況有所疑慮，請諮詢專業醫事者的協助。

作　　者　朵荻．葛蘭姆．麥凱（Dodie Graham McKay）
譯　　者　非語
責任編輯　田哲榮
協力編輯　朗慧
封面設計　斐類設計
內頁構成　歐陽碧智
校　　對　吳小微

發 行 人　蘇拾平
總 編 輯　于芝峰
副總編輯　田哲榮
業務發行　王綬晨、邱紹溢
行銷企劃　陳詩婷
出　　版　橡實文化 ACORN Publishing
地址：10544 臺北市松山區復興北路 333 號 11 樓之 4
電話：02-2718-2001　傳真：02-2719-1308
網址：www.acornbooks.com.tw
E-mail 信箱：acorn@andbooks.com.tw
發　　行　大雁出版基地
地址：10544 臺北市松山區復興北路 333 號 11 樓之 4
電話：02-2718-2001　傳真：02-2718-1258
讀者傳真服務：02-2718-1258
讀者服務信箱：andbooks@andbooks.com.tw
劃撥帳號：19983379　戶名：大雁文化事業股份有限公司

印　　刷　中原造像股份有限公司
初版一刷　2022 年 8 月
定　　價　520 元
I S B N　978-626-7085-34-9